© Henrique Lima, 2024
© Buzz Editora, 2025

PUBLISHER Anderson Cavalcante
COORDENADORA EDITORIAL Diana Szylit
EDITOR-ASSISTENTE Nestor Turano Jr.
ANALISTA EDITORIAL Érika Tamashiro
ESTAGIÁRIA EDITORIAL Beatriz Furtado
PREPARAÇÃO Adriana S. Teixeira, Roberta Lombardi
e Amanda Oliveira
REVISÃO Rosalina Siqueira e Daniela Mendes
PROJETO GRÁFICO Estúdio Grifo
ASSISTENTE DE DESIGN Letícia de Cássia

*Nesta edição, respeitou-se o novo Acordo Ortográfico
da Língua Portuguesa.*

Dados Internacionais de Catalogação na Publicação (CIP)
(Câmara Brasileira do Livro, SP, Brasil)

Lima, Henrique
*Tsedacá: O propósito da prosperidade, a partir de uma
tradição judaica* / Henrique Lima
1ª ed. São Paulo: Buzz Editora, 2025
200 pp.

ISBN 978-65-5393-442-9

1. Caridade 2. Vida cristã I. Título.

Índice para catálogo sistemático:
1. Caridade: Vida cristã

Angélica Ilacqua, Bibliotecária, CRB 8/7057

Todos os direitos reservados à:
Buzz Editora Ltda.
Av. Paulista, 726, Mezanino
CEP 01310-100, São Paulo, SP
[55 11] 4171 2317
www.buzzeditora.com.br

Henrique Lima

Tsedacá

O propósito da prosperidade, a partir de uma tradição judaica

Dedico este livro a Deus, o Eterno, Aquele que criou os Céus, a Terra e tudo que existe, por ter me dado a oportunidade de viver e, de alguma maneira, colaborar com o Seu propósito. O que mais quero é, no final de tudo, ser aprovado por Ele.

Dedico também a todos os que, assim como eu, anseiam por ver a Igreja de nosso Senhor Jesus Cristo servindo nas mãos de Deus como ferramenta de transformação de vidas, cuidando não só das necessidades espirituais, mas também das carências materiais daqueles que padecem.

Prefácio, 9

Introdução, 15

1
O significado de tsedacá, 23

2
Fundamento celestial da tsedacá:
a reciprocidade do céu, 31

3
É obrigação ajudar quem padece?, 41

4
Quanto destinar para tsedacá?, 63

5
Consequência:
"até que seus lábios se cansem de falar basta", 89

6
Um exemplo interessante, 105

7
Quem deve praticar tsedacá?, 117

8
Quem pode receber tsedacá?, 129

9
Como entregar a tsedacá?, 141

10
Das contribuições para trabalhos sociais, 153

11
Passagens bíblicas, 165

Conclusão, 179

Referências bibliográficas, 185

Notas, 189

Prefácio

No decorrer dos tempos e com as mudanças da sociedade, muitos valores e tradições antigas acabam se perdendo e dando lugar a uma nova mentalidade e forma de organização social. Esse processo normalmente traz alguns benefícios para o ser humano, mas também carrega enormes prejuízos, tornando o homem cada vez mais egoísta e distante de princípios divinos.

O cuidado com o necessitado é um dos princípios mais esquecidos pela Igreja cristã das últimas décadas. É impressionante como um tema tão claro e de tão grande relevância na Palavra de Deus tenha sido ofuscado, a ponto de não encontrar mais espaço nos púlpitos e no ensino da fé cristã. A priorização da evangelização mundial, sem ensinar os discípulos a guardarem "todos" os mandamentos de Jesus, gerou um cristianismo fraco e sem o poder transformador vivido pela Igreja cristã dos primeiros séculos.

Dos mandamentos que praticamente foram abandonados na fé cristã, o maior deles provavelmente foi o de fazer justiça ao necessitado. Jesus não deixou esse mandamento para o governo, mas sim para a Sua Igreja. O que importa agora não é explicar o que aconteceu com o cristianismo, onde a Igreja errou e em que momento da história princípios e valores foram perdidos. O mais importante é retornar imediatamente à essência do evangelho.

Para isso, é necessário que homens de Deus se levantem e recuperem o ensino abandonado.

Para mim, é um privilégio e uma grande responsabilidade ser pastor do autor desta obra. O dr. Henrique Lima é um cristão sincero, alguém que sempre que compreende um mandamento da Palavra de Deus, passa a praticá-lo imediatamente. Sua capacidade racional aguçada faz dele um investigador dos princípios da Palavra de Deus. É um cristão que não se move pela emoção, mas sim pelo conhecimento da verdade. Como os bereanos,[1] examina cuidadosamente na Bíblia tudo aquilo que lhe é ensinado.

Lembro-me de quando o dr. Henrique, que já havia recebido algumas palavras proféticas sobre prosperidade financeira, manifestou uma grande preocupação em não se deixar corromper pelo dinheiro. Apesar de bastante jovem, já mostrava excelente desempenho na carreira profissional, o que lhe dava rendimentos acima de suas expectativas e necessidades. Temeroso em não saber lidar com um eventual enriquecimento, e não querendo elevar o padrão de consumo de sua família, quis estabelecer limites para seu patrimônio, de maneira que lhe pudesse dar uma qualidade de vida razoável e depois permitisse que passasse a viver para a obra. Porém, Deus usou um profeta, que nada sabia a respeito do assunto, para perguntar "quem era ele para estabelecer limites naquilo que Deus queria fazer?". Desde então, o dr. Henrique passou a buscar um entendimento profundo a respeito de finanças pelo viés religioso.

A resposta de Deus não tardou: aos poucos, o dr. Henrique foi se deparando com textos de grandes expoentes do cristianismo do passado e da sabedoria rabínica. Diversos textos bíblicos e de entendimento sobre o princípio da justiça ao necessitado explodiram diante de seus olhos. Imediatamente, ele começou a praticar o princípio e a compartilhar o assunto com todos ao seu redor. Estou certo de que Deus revelou algo precioso ao dr. Henrique

Lima para que ele anunciasse à Igreja de Cristo e a chamasse de volta às origens.

Acredito que esta obra seja o melhor material cristão em língua portuguesa sobre o assunto. Não é um livro de conhecimento teórico-científico e de posições teológicas, é um chamado vivo de Deus para a Igreja cristã voltar às boas práticas do amor ao próximo. Creio que sua vida será impactada por esse tema e que esta obra será canal de bênção para você e para muitas pessoas que vivem ao seu redor. Boa leitura e boas práticas da fé cristã!

Gladiston Riekstins de Amorim (Pastor Dinho)
Presidente do Ministério Atos de Justiça

Versões bíblicas utilizadas

AA
João Ferreira de Almeida Atualizada

ACF
Almeida Corrigida Fiel (ACF)

ARA
Almeida Revista Atualizada (1993)

ARC
Tradução Almeida Revista e Corrigida (ARC) (1898)

KJA
King James Atualizada

NTLH
A (Nova) Tradução para a Linguagem de Hoje (TLH/NTLH) (1988)

NVI
A Nova Versão Internacional (NVI) (2000)

Introdução

"Finanças" é um assunto de grande importância e foi constantemente abordado por Jesus quando veio ensinar como viver.[2] A despeito das divergências entre estudiosos sobre o número de parábolas que Ele contou,[3] o que chama a atenção é que cerca de quinze delas tratavam do tema finanças, então, no mínimo 25% de seus ensinamentos tinham esse foco.

Dos 613 mandamentos que os judeus extraem da Torá — conhecidos como *mitzvot*[4] — atualmente apenas cerca de 270 ainda são observáveis e, desses, boa parte (por volta de 120) refere-se ao relacionamento do homem com os bens materiais.

A razão da ênfase nessa temática foi abordada também por Billy Graham, o mais proeminente evangelista do século XX e conselheiro espiritual de vários presidentes americanos: "Se uma pessoa tiver uma atitude reta em relação ao dinheiro, isso ajudará a endireitar quase todas as outras áreas de sua vida".[5]

Mas, apesar de tanto Deus quanto Jesus terem dedicado consideráveis esforços para orientar nessa área, percebe-se que o tema ainda causa constrangimento em muitas pessoas. A impressão é que, para alguns cristãos, ler, falar ou procurar entendimento sobre finanças é incompatível com uma vida espiritual plena.

Entretanto, essa rejeição deve ser quebrada: existem promessas de Deus em transferir recursos dos ímpios para os justos, ou seja, daqueles que não buscam andar nos caminhos do Senhor para aqueles que se esforçam nisso. É necessário conhecer o propósito da prosperidade que virá, e esse é o objetivo deste livro: ajudar a evitar que a Igreja se perca utilizando os recursos apenas para o próprio conforto e, consequentemente, atraia um desfavorável juízo de Deus sobre si.

É saudável a busca por uma condição financeira que possibilite para si e para a família uma vida confortável. O que não condiz com os princípios cristãos, tampouco com aquilo que Deus falou por meio dos profetas, é o acúmulo do dinheiro apenas para o próprio deleite, sem o propósito de ser canal de bênçãos na vida de outras pessoas e no Reino de Deus.

Para os cristãos católicos, a avareza é considerada pecado capital por ter raiz na idolatria e por induzir a prática de outros pecados como o egoísmo e até mesmo o ciúme. No Evangelho de Lucas 12:15 (KJA), Jesus alertou a ter cautela e a se guardar de "[...] toda e qualquer avareza; porquanto a vida de uma pessoa não se constitui do acúmulo de bens que possa conseguir".

Nas igrejas cristãs protestantes fala-se muito da "Semeadura e Colheita", que é realmente um princípio bíblico; porém, há muitos que, fundamentados na Teologia da Prosperidade, pecam por tentarem barganhar com Deus.

O problema das leviandades no trato do dinheiro é o que gera nos cristãos que procuram ser fiéis aos princípios bíblicos resistência em aceitar que uma vida próspera e abençoada inclui o aspecto financeiro, que não se confunde com o acúmulo para interesses egoístas. Pode até haver profusão econômica, mas não é algo obrigatório, pois o mais importante é o sincero sentimento de satisfação com aquilo que se tem.

A história mostra ser comum que determinado assunto, antes de atingir sua maturidade, penda para fundamentalismos, primeiro para o excesso, depois para a escassez. São fases naturais e que possibilitam encontrar o equilíbrio entre os dois opostos. Y. David Weitman, rabino belga, chefe da sinagoga Beit Yaacov, articulista e palestrante, no prefácio de seu livro *A arte de ser (mais) gente: aperfeiçoando nosso caráter*, cita Maimônides, grande filósofo judaico do século XII, e explica que, entre dois extremos, existe um "caminho de ouro":

> Maimônides nos ensina que de acordo com a filosofia judaica existe um caminho mediano, o caminho de ouro, entre dois extremos. Ele prossegue dizendo que, enquanto as extremidades são negativas, o caminho mediano é o caminho correto que devemos seguir. A título de exemplo, a virtude da generosidade é o caminho do meio entre a avareza, em um extremo, e o esbanjamento, no outro; ambas sendo características indesejáveis.[6]

Como houve uma época em que a busca por conquistas financeiras predominava na igreja, atualmente alguns líderes eclesiásticos rejeitam abordar a prosperidade, então é esperado que doravante se passe a viver um momento de busca por discernimento sobre o propósito dos bens materiais e os princípios que os regem, tornando-se, assim, o caminho do meio no assunto.

Assim, movido por muitas indagações, busquei entender a visão de Deus sobre esse assunto. Tive o privilégio de ter, como discipulador, o pastor Gladiston Riekstins de Amorim, carinhosamente chamado de pastor Dinho, presidente do Ministério Atos de Justiça. Ele me ensinou sobre a importância de procurarmos conhecer o propósito de Deus para nossa vida, isto é, da necessidade de saber aquilo que Ele planejou, nas palavras do pastor Dinho, "antes da fundação do mundo" para nossa existência e, uma vez encontrado, caminhar nesse sentido.

Sempre que Deus usou profetas para falar comigo (apóstolo Luiz Hermínio — Mevam, pastor Rafael Conrado e missionário Amaro de Melo), a mensagem central era a mesma: ser provisão no Reino. Então, entendi que está incluído conhecer a visão do Pai sobre tão importante área da vida, praticá-la e compartilhá-la a fim de abençoar outras pessoas. Para começar essa jornada, foram úteis dois conselhos. O primeiro foi do filósofo libanês Khalil Gibran (1883-1931), citado na obra *Os sete princípios de Salomão*, de Bruce Fleet e Alton Gansky:

> Procure o conselho dos mais velhos, pois os olhos deles já viram as faces dos anos e os ouvidos já se fortaleceram diante das vozes da vida. Mesmo que os conselhos que derem forem desagradáveis para você, preste atenção neles.[7]

O segundo foi do jurista brasileiro J. J. Calmon de Passos: "Os gigantes de ontem só nos são úteis se permitirem que, subindo em seus ombros, possamos ver além do que foram capazes de vislumbrar".[8] Por isso é que o leitor perceberá que a maior parte das referências citadas neste livro é de pregadores cristãos e de rabinos do judaísmo que viveram há séculos.

Assim, a busca por revelação se iniciou pedindo orientação ao Espírito Santo, o que levou à procura, primeiramente, nos sermões de antigos ministros do Evangelho.

Desses, o meu favorito é John Wesley, que viveu de 1703 a 1791, e é considerado um dos maiores avivacionistas protestantes. Pregava a necessidade de uma vida cujas atitudes estivessem alinhadas com os princípios que Jesus ensinou e não baseada em sentimentos momentâneos. Calcula-se que pregou cerca de 40 mil sermões, os quais influenciam ainda hoje a vida de milhões de pessoas.

Muitos o citam, contando, inclusive, fatos notórios como as marcas que seus joelhos deixaram no chão da sala de sua casa de tanto orar e permanecer na presença de Deus. No entanto, são poucos os que leem suas pregações e menos ainda os que procuram viver segundo aquilo que exortou. Tal como nas pregações de Jesus, o tema "dinheiro" era algo frequente nas de John Wesley, pois ele sabia a importância que representava (e, como é notório, ainda hoje representa) na vida das pessoas. No sermão "As causas da ineficiência do cristianismo", ele sustenta que o apego ao dinheiro faz com que o Evangelho deixe de alcançar todo o mundo e, em determinado momento do sermão, lembra o conselho que deu aos seus irmãos metodistas:

> Das três regras que estão colocadas no título do sermão sobre "O Espírito de Cobiça da Iniquidade", você pode encontrar muitos que observam a primeira regra, ou seja, "Ganhe tudo o que puder", você pode encontrar poucos que observam a segunda, "Economize tudo o que puder"; mas quantos você tem encontrado que observam a terceira regra, "Dê tudo o que você puder?".[9]

Ele ainda afirma que, pelo fato de esses irmãos terem sido muito hábeis em praticar as duas primeiras regras, resumidas em "ganhar o máximo e gastar o mínimo", é natural que os metodistas daquela época enriquecessem, porém se esqueceram da terceira parte: "dar o máximo". Sugere que talvez tenham deixado de doar dinheiro por medo de empobrecerem, mas lembra, na sua pregação, que há um grupo de irmãos, os Quakers,[10] que praticaram o ato de dar o máximo e tornaram-se dez ou cinquenta vezes mais ricos que os metodistas, como registra em seu sermão:

> Mas é possível suprir todos os pobres em nossa sociedade com as coisas necessárias à vida? Foi possível, uma vez, fazer isso em uma sociedade maior do que essa. Na primeira igreja de Jerusalém não havia alguém entre eles que passava necessidade, mas a distribuição era feita para cada um, de acordo com o que precisava. E nós temos provas completas de que é possível se fazer dessa forma. É assim entre o povo chamado Quaker. Sim! Entre os Morávios, assim chamados. E por que não poderia ser conosco? Por que eles são dez vezes mais ricos do que nós? Talvez, cinquenta vezes! E ainda assim nós somos capazes o suficiente se nós temos, igualmente, boa-vontade para fazer isso! Um cavalheiro (um Metodista) disse-me alguns anos atrás: "Eu devo deixar quarenta mil libras entre meus filhos". Agora, suponha que ele deixasse para eles vinte mil, e desse os outros vinte mil para Deus e para o pobre, poderia Deus dizer a ele: "Tu, tolo?". E isso colocaria toda a Sociedade acima das necessidades.
>
> Mas eu não irei falar em dar para Deus ou deixar metade de sua fortuna. Você pensaria que é um preço muito alto para o céu. Eu virei para condições menores. Não existem alguns poucos entre vocês que podem dar cem libras; talvez alguns que podem dar mil, e ainda deixar para seus filhos, tanto quanto os auxiliaria trabalhar para a própria salvação deles? Com duas mil libras, e não, muito menos, podemos suprir as necessidades presentes de todos os nossos pobres, e colocá-los em um caminho para que possam suprir as próprias carências para o tempo

vindouro. Agora suponha que isso possa ser assim; nós somos transparentes, diante de Deus, enquanto isso não é feito? Não é a negligência disso uma das causas porque muitos ainda estão doentes e fracos, entre vocês, de alma e corpo? Que eles ainda afligem o Espírito Santo, por preferirem as modas do mundo aos mandamentos de Deus? E eu muitas vezes duvido, se não é uma espécie de inclinação. Eu duvido se não é um grande pecado mantê-los em nossa Sociedade. [...][11]

Continuei, então, a busca por orientação em livros de outros autores e nos ensinamentos judaicos para aprender mais sobre a visão de Deus a respeito de finanças. Foi assim que cheguei ao conceito de **tsedacá**, **tzedaka** ou **tzedakah**, em volta do qual gravita a temática deste livro. Encontrei muitas informações e bastante material judaico sobre o assunto. Infelizmente, porém, pouquíssimo ou nada na literatura cristã protestante.

Com a certeza de que esse entendimento seria útil na vida dos irmãos, assim como tem sido na minha e na das pessoas com quem compartilhei informalmente o tema, dediquei-me a melhor compreender esse conceito para tentar transmiti-lo da maneira mais didática e clara possível na forma de um livro. Apesar de o judaísmo e o Antigo Testamento serem as fontes primordiais de pesquisa, foi essencial analisar o assunto também sob a ótica da revelação do Novo Testamento, pois, conforme ensinou Aurélio Agostinho, mais conhecido como Santo Agostinho (354-430 d.C.) e reconhecidamente um dos teólogos mais importantes do cristianismo: "O Novo Testamento está escondido no Antigo, ao passo que o Antigo é desvendado no Novo".[12]

Assim, espero que a leitura deste livro provoque no leitor uma reflexão acerca de qual é o propósito do dinheiro na vida. Caso pretenda a prosperidade financeira, que o leitor possa avaliar o que impulsiona esse desejo e compreenda que se a vontade do Pai é contemplada, vontade essa revelada nas Escrituras, certamente Ele terá satisfação em honrar os que demonstrarem coerência entre propósito e atitudes.

1

O significado de tsedacá

Tsedacá é a prática judaica de auxiliar os pobres e os necessitados em suas carências, destinando a eles regularmente parte das rendas e dos bens. Não é feita, porém, como um ato de simples e facultativa caridade, mas é considerada uma obrigação, porque há o entendimento de que os recursos e os bens não pertencem aos homens, mas a Deus, O qual confiou a posse deles às pessoas para que os administrem como bons mordomos e pratiquem aquilo que é devido, não os utilizando somente para as necessidades e para o conforto da própria família, mas também para dar assistência aos que se encontram em estado de vulnerabilidade.

Os estudos judaicos descrevem a tsedacá como um dos 613 mandamentos que o povo judeu deve observar, sendo apontada em vários textos como uma das obrigações mais importantes. Inclusive, os judeus acreditam que a salvação[13] vem por meio de três práticas: **teshuvá** (arrependimento, voltar aos caminhos da Torá);[14] **tefilá** (orações) e **tsedacá** (atos de justiça). Eis uma boa definição:

> "Tsedacá" é a palavra hebraica para os atos que denominamos "caridade", em português: dar apoio, auxílio e dinheiro para o pobre e necessitado. A essência da tsedacá, porém, é muito diferente da ideia de caridade. O termo "caridade"

sugere benevolência e generosidade, um ato magnânimo realizado pelo homem rico e poderoso em benefício do pobre e necessitado. A palavra "tsedacá" deriva-se da raiz hebraica *tsadi*, *dalet*, *cof*, que significa "retidão", "justiça" ou "equidade". Segundo o judaísmo, dar ao pobre não é visto como um ato generoso e magnânimo; trata-se, simplesmente, de um ato de justiça e honradez, o cumprimento de um dever, dando ao pobre o que lhe é devido.[15]

Uma de suas características é a compreensão de que os bens e a provisão são dados por Deus, não sendo frutos de merecimento pessoal. Se existe algum mérito, está na pessoa se mostrar fiel depositária daquilo que lhe foi confiado, conforme o rabino Weitman ensina:

> O Compassivo colocou alguns dos recursos da terra em nossa posse, e, por meio do mitsvá de tsedacá, compartilhamos esses recursos com os necessitados. Para cumprir adequadamente a mitsvá de tsedacá; no entanto, é preciso primeiro lembrar que somos apenas os guardiões, e não os proprietários da terra e seus recursos.[16]

É por isso, inclusive, que ele considera que se deve agradecer ao desprovido que aceita ajuda:

> Teoricamente, ao fazermos tsedacá, deveríamos falar "muito obrigado" para o pobre pelo simples fato de ele aceitar a caridade, visto que o rico apenas restituiu algo que de fato nunca pertenceu a ele, mas tão somente ao pobre.[17]

Assim, a assistência aos necessitados deve ser baseada primeiramente na "justiça", pois determinada parcela dos bens deve ser entregue a quem ela pertence por direito. A bondade é apenas um sentimento que preferencialmente pode acompanhar, mas a efetiva ação precisa ocorrer, independentemente. Essa concepção é reforçada pelo que explica o rabino americano Naftali Silberberg:

> O sentido literal de tsedacá é "justiça". É simplesmente a coisa certa e justa a fazer; ao passo que a palavra caridade denota um ato que vai além do chamado do dever, um ato eletivo, embora louvável.[18]

Deus não conhece limites e poderia sozinho suprir os carentes. Entretanto, Ele quer instruir as pessoas com um espírito de, em primeiro lugar, obediência, mas também de amor. Então, para isso ser gerado e fortalecido, são necessárias atitudes fundamentadas na justiça e com características de bondade, generosidade e misericórdia, quais sejam: o dar e o receber. Sobre isso, o rabino Eliezer Shemtov relata uma história descrita no Talmude:

> Turnus Rufus (o governador romano) perguntou a Rabi Akiva: "Por que vocês judeus agem em contrário de Deus? Se Deus criou ricos e pobres, qual o sentido de dar dinheiro aos pobres? Se Deus quisesse que aquele pobre tivesse dinheiro, Ele o daria diretamente!". E assim respondeu-lhe Rabi Akiva: "É justamente para cumprir com o plano Divino, para que haja bondade no mundo. Se todos tivessem tudo aquilo que necessitam, e não precisassem nada de ninguém, como seria possível gerar-se bondade e generosidade? Um dos principais motivos pelo qual Deus criou o mundo é justamente para que haja bondade. E é por meio da tsedacá que se consegue que este objetivo se cumpra!".[19]

Além de ter essa função de fomentar bondade no mundo por meio do ato de dar e receber, a riqueza e a pobreza também são dois testes. Na riqueza, serão testadas a fidelidade, o desprendimento, a generosidade e a bondade. É considerado o mais difícil devido à inclinação para o apego material. Já na pobreza, serão provadas a humildade e a confiança Nele. Os rabinos ensinam que os grandes sofrimentos provenientes da privação de bens, como alimento, roupa e moradia, farão com que o critério do julgamento eterno seja menos rigoroso. O apóstolo Paulo foi submetido a essas duas provas e aprendeu a contentar-se tanto na abundância quanto na escassez, ensinando que isso foi possível porque mantinha a confiança no Criador, por meio de seu Filho. Veja o que ensina a sabedoria judaica sobre isso:

> Hashem testa a pessoa de duas maneiras: com a riqueza ou com a pobreza (vide Shemot Raba 31). E, por isso, os pobres acham que seria preferível serem testados com riqueza ao invés de pobreza. Eles não percebem que o teste da riqueza é mais difícil do que o da pobreza. "Remova a falsidade e as mentiras para longe de mim; não me dê pobreza nem riqueza, alimente-me com o pão a mim designado. Pois talvez eu fique saciado e renegue, dizendo: 'Quem é Hashem?'. Ou talvez eu seja pobre, e roube, e profane o Nome de meu Deus" (Mishle 30:8-10). Porque o pobre pode pecar ao jurar em vão e ao roubar, enquanto o rico pode pecar ao negar Hashem, um pecado cardeal que equivale a transgredir toda a Torá. (Baseado em Rabi Moshe Alshich sobre a Torá, Parashat Behar.)[20]

Apesar de os judeus ressaltarem que tsedacá é diferente de "caridade", "boas obras", "obras sociais" ou de "obras de misericórdia" (neste livro serão usados indistintamente esses termos), não há como deixar de notar a semelhança no resultado, que é ser fonte de auxílio ao pobre, ao faminto, ao necessitado, aos órfãos, às viúvas e a todos os vulneráveis. Se há diferença, ela não está no resultado, mas sim na motivação, pois enquanto eles a praticam por obrigação, "por ser a coisa certa e justa a fazer", os cristãos devem agir por amor ao próximo, do contrário, "nada disso me aproveitaria" (1 Co 13, AA). Por isso é que a prática da tsedacá assemelha-se às obras de misericórdia, tão ensinadas e vividas por Jesus e pelos apóstolos.

Enfim, por tsedacá deve ser entendida a prática de regularmente destinar considerável parte da renda à ajuda aos necessitados, primeiramente por ser uma obrigação, mas também como um desdobramento direto do mandamento de amor ao próximo. Antes de adentrar na explicação do princípio celestial que fundamenta a tsedacá, convém uma reflexão.

Para refletir

O que é tsedacá para você?

_____

_____

_____

_____

_____

_____

_____

_____

_____

2

Fundamento celestial da tsedacá: a reciprocidade do céu

Os céus agem com os seres humanos segundo o princípio da "medida por medida", chamado no judaísmo de *midá kenégued midá*, tratando-os na mesma proporção que se comportam com os semelhantes. Jesus não apenas abordou essa realidade, mas alertou e insistiu sobre ela, pois espera que as atitudes com o próximo sejam abundantes em amor. Agindo dessa maneira, abre-se o canal para receber dos céus o mesmo tratamento e em igual medida. O critério é a reciprocidade.

Deixar de ajudar alguém porque sua história de vida revela que foi negligente, preguiçoso, displicente ou porque talvez tenha desperdiçado oportunidades ou mesmo tenha sido mau-caráter pode até fazer sentido segundo a ótica humana; contudo, não é essa a vontade de Deus, pois Ele quer que no relacionamento entre suas criaturas haja larga medida de bondade, generosidade e miscricórdia, as verdadeiras expressões de amor. É assim que as pessoas almejam ser tratadas pelo Pai celestial, e é assim que Ele quer tratar Seus filhos.

Qualquer um que analisar a própria condição espiritual e tentar compará-la com a santidade de Deus, será forçado a reconhecer que está proporcionalmente muito mais afastado Dele do que de qualquer ser humano que possa ter pecado gravemente. Mas, apesar das dificuldades de o ser humano alcançar a santidade, isto é, a perfeição longe do pecado, e permanecer nela, as misericórdias do Senhor se renovam a cada manhã. Assim, porque ama e quer abençoar, o Pai tem uma atitude que representa um equilíbrio perfeito entre justiça e bondade: delega ao próprio ser humano a tarefa de forjar a medida que Ele usará para retribuir suas atitudes, ou seja, propõe o livre-arbítrio na maneira como o homem agirá com o próximo. Desse modo, ser generoso e abundante em ajudar quem precisa, independentemente de qualquer merecimento, possibilita receber do céu igual tratamento.

A respeito disso, a sabedoria judaica ensina que "[...] no céu, o comportamento com as pessoas é medida por medida. Se alguém for escrupuloso e exigente, somente dando tsedacá a indivíduos que a mereçam, o Céu apenas lhe concederá as Suas bênçãos caso ele as mereça [...]".[21]

Nessa mesma perspectiva, o Rabino Chaim Tsanzer expressa esse princípio:

> Rabi Chaim Tsanzer vivia para a tsedacá, e a distribuía fartamente. Uma vez, ele deu uma quantia considerável a alguém que mostrou ser um impostor. Isso magoou muito os seus chassidim, e eles perguntaram ao rebe o porquê de ele ter dado tsedacá a essa pessoa indigna. [...] Rabi Chaim Tsanzer concluiu: "Enquanto eu não for excessivamente seletivo quanto aos receptores da minha tsedacá, eu poderei esperar que Hashem seja misericordioso e generoso para com alguém tão indigno quanto eu?".[22]

Não foi por menos que o profeta Obadias afirmou: "Como fizeste ao teu próximo, assim se fará contigo; o teu feito retornará sobre a tua própria cabeça!" (Ob 1:15, KJA).

Jesus também tratou dessa reciprocidade.

Em Mateus 6:12 (NTLH), Jesus ensina a orar ao Pai, dizendo: "[...] Perdoa as nossas ofensas como também nós perdoamos as pessoas que nos ofenderam". Essas palavras demonstram claramente que o perdão será recebido na "mesma medida" em que for liberado. Equivale a dizer, por exemplo, que se alguém perdoa, mas não quer mais relacionar-se com quem a ofendeu, está pedindo a Deus que a perdoe por seus pecados, mas que também não faz questão de relacionar-se com Ele.

Um pouco mais adiante, Ele reforça, explicando: "Pois com o critério com que julgardes, sereis julgados e com a medida que usardes para medir a outros, igualmente medirão a vós" (Mt 7:2, KJA). É nítida a correlação. Quem recusa ajudar um necessitado por achar que ele não é digno, recebe de Deus assistência segundo o mesmo critério. Portanto, se quiser receber Dele bondade e generosidade, é dessa forma que deve agir com quem precisa de ajuda.

A doutrina judaica compartilha a seguinte história sobre esse princípio:

> Rabi Zusha respondeu: "Veja você, meu filho, o Todo-Poderoso conduz-se conosco conforme nós nos conduzimos com os outros. Enquanto você esteve disposto a ajudar na manutenção de alguém tão indigno quanto Zusha, Hashem também se comportou generosamente contigo, fosse você merecedor, ou não, de tais bênçãos. Mas uma vez que você se tornou seletivo e exigente, passando a ajudar somente o maior dos tsadikim, o Todo-Poderoso reagiu à altura, tornando-se mais seletivo, escolhendo apenas os recipientes mais dignos de sua generosidade".[23]

Não é apenas no judaísmo que essa realidade é ensinada. Jonathan Edwards, famoso teólogo e filósofo do século XVIII, lembra que: "Em primeiro lugar, a Escritura ensina que Deus nos tratará como lidamos com nossos semelhantes e que, com a medida com que medirmos os outros, Deus vai medir a nós novamente".[24]

É maravilhoso o cuidado de Jesus em alertar sobre esse princípio, quando diz: "Considerem **atentamente** o que vocês estão ouvindo" (destaque meu), e continua: "Com a medida com que medirem, vocês serão medidos; e ainda mais acrescentarão para vocês (Mc 4:24, NVI). Perceba, antes de falar da reciprocidade, Ele pede que haja uma atenção especial para com essa verdade.

Em Lucas 6:38 (NVI), o Mestre continua: "Deem, e lhes será dado: uma boa medida, calcada, sacudida e transbordante será dada a vocês. Pois a medida que usarem também será usada para medir vocês". A palavra utilizada é exatamente algo que precisa ficar claro: "medida". No original é *metron*, cujo significado é justamente "instrumento para medir". É óbvio que Jesus não está falando apenas sobre dar dinheiro, mas mencionando essa prática de modo abrangente, pois é aplicável a tudo: amor, compaixão, respeito, honra, entre outros. Na passagem de Mateus 7:12 (KJA), Ele deixa clara essa aplicação geral ao dizer: "Portanto, tudo quanto quereis que as pessoas vos façam, assim fazei-o vós também a elas, pois esta é a Lei e os Profetas".

No livro *A recompensa da honra*,[25] John Bevere discorre acerca desse mesmo princípio, porém sob outra vertente. Sustenta que honrar a todos é a chave para "atrair o favor e a bênção do céu", porque Ele retribuirá com honra. Esse autor descreve a parábola do Bom Samaritano como um cumprimento da orientação "tratai a todos com honra", dada por Pedro (1 Pe 2:17, AA). Ainda com esse enfoque, convém citar Provérbios 14:31 (NVI), quando o Rei Salomão afirma que: "[...] tratar com bondade o necessitado é honrar a

Deus". É em decorrência do princípio da reciprocidade que Deus honrará, na mesma proporção, aquele que agiu com bondade para com o próximo.

É fundamental ser misericordioso e auxiliar a todos, sem jamais se considerar superior a quem quer que seja, tampouco levar em conta as falhas daquele que carece de assistência, já que o próprio Deus não faz essas considerações, pois ajuda e provê independentemente da condição de quem pede socorro, mas na medida em que esse agiu com seu semelhante. Vale lembrar que misericórdia é uma atitude de benevolência exercida com aqueles que não a merecem, que não são dignos. Do contrário, se a merecessem, não seria misericórdia, mas justiça, pois seria "justo" ter boa vontade com eles. Jesus afirma: "bem-aventurados os misericordiosos, porque eles alcançarão misericórdia" (Mt 5:7, KJA).

Apesar disso, infelizmente são muitos os cristãos que se alegram com a justiça humana, isto é, com a penalização de quem fez algo errado. Por outro lado, poucos ficam felizes em ver o perdão sendo praticado. Almejam muito mais a justiça do que o perdão. Entretanto, Jesus explicou claramente que Deus terá misericórdia de quem pratica a misericórdia. Apenas os perfeitos, isto é, aqueles que andam em total santidade e que por isso não precisam de misericórdia, é que deveriam se alegrar com a justiça divina ou humana penalizando um pecador. Mas a própria Bíblia lembra que todos são transgressores dos mandamentos divinos:

> Como está escrito: "Não há nenhum justo, nem um sequer;
> não há ninguém que entenda, ninguém que busque a Deus.
> Todos se desviaram, tornaram-se juntamente inúteis; não
> há ninguém que faça o bem, não há nem um sequer" (Rm
> 3:10-12, NVI).

Deve-se recordar que o maior exemplo de misericórdia foi Deus ter enviado para este mundo Aquele a quem mais amava, para sofrer, ser cruelmente castigado e morto no lugar de pessoas que não o mereciam. Por isso Ele insiste "[...] considerem atentamente" (Mc 4:24, NVI) que se faça o mesmo com os semelhantes, pois um dia todos estarão diante do Grande Trono sendo julgados pelas próprias obras, e a medida de perdão e misericórdia que será usada é aquela que foi forjada no convívio com os semelhantes. A sabedoria talmúdica também exorta a esse padrão de comportamento:

> Da mesma forma que Hashem é misericordioso, você deve ser misericordioso [...].
> O céu mostra misericórdia àquele que é misericordioso para com os outros, mas não mostra àquele que não o é (Shabat 151b).[26]

Por fim, misericórdia não é apenas deixar de "julgar" as pessoas nos pensamentos. Aliás, louvado seja Deus porque não apenas "pensou" em ajudar a humanidade, mas porque efetivamente enviou seu Filho, demonstrando assim que há o aspecto intrínseco e extrínseco na misericórdia. Quando perguntado sobre o que fazer para herdar a vida eterna, Jesus contou uma pequena parábola de um samaritano que não apenas "sentiu", mas também "agiu" em favor do necessitado. Isso deixa claro o comportamento que O agrada. E esse é o tema do próximo capítulo.

Para refletir

Tudo (tanto o bom quanto o ruim) que você fez ou deixou
de fazer aos outros, você gostaria que fosse feito com você,
em igual medida e intensidade?

_____
_____
_____
_____
_____
_____
_____
_____
_____

Por aquilo que sabe que não deveria ter feito aos outros,
você já se arrependeu genuinamente, deixando de cometer
novamente, pedindo perdão a Deus e fazendo todo o possível
para reparar o mal praticado?

_____
_____
_____
_____
_____
_____
_____
_____
_____

É obrigação ajudar quem padece?

O trabalho realizado por Jesus foi marcado tanto pelo ensino como pela exortação, e não apenas no plano coletivo, mas também no individual. Porém, independentemente de quem eram seus destinatários imediatos — se um grupo ou uma única pessoa —, sua mensagem é atemporal e vale para todos, especialmente para os que estiverem em falta com o tema tratado.

Será visto neste capítulo que Jesus ensinou, praticou e exortou acerca da ajuda aos pobres, pois isso não é algo facultativo a ser feito apenas quando sentir vontade, dó, compaixão ou amor ao próximo, mas sim uma obrigação. São oportunas as palavras de John Wesley: "Vocês não sabem que Deus os incumbiu (além de comprar o necessário para suas famílias) de alimentarem o faminto, vestirem o nu, ajudarem o estranho, a viúva, o órfão, com aquele dinheiro; e, na verdade, até onde for, aliviarem as necessidades de toda a humanidade?".[27] Se prefere chamar o auxílio aos necessitados de tsedacá, de caridade, de filantropia, de boas obras ou de obras de misericórdia, pouco importa, porque a essência daquilo que está no coração de Deus é o que interessa.

Quando Jesus ensina algo é porque espera que façamos

Ir semanalmente a uma igreja cristã, seja ela católica ou protestante, não significa ser efetivamente cristão, da mesma forma que ir semanalmente a um estádio assistir ao jogo de futebol não implicará ser considerado um jogador de futebol. Isso é óbvio, mas precisa ser frisado.

Jesus dedicou grande parte de seu ministério a ensinar o padrão de conduta que Deus espera de seus discípulos. E é só a prática daquilo que ele ensinou que garante uma vida alinhada aos anseios dos céus. Inclusive, Ele chega a dizer que quem "ouve estas minhas palavras e as põe em prática, será comparado a um homem prudente, que edificou a casa sobre a rocha" (Mt 7:24, AA), e que aquele que ouve e "não as põe em prática, será comparado a um homem insensato, que edificou a sua casa sobre a areia" (Mt 7:26, AA). Portanto, não basta ouvir e conhecer a palavra de Deus, é preciso praticá-la.

Importa também destacar que o cumprimento da vontade de Deus tem implicações muito profundas não apenas para a vida aqui na Terra, mas inclusive para a eternidade, do contrário Ele não teria dito: "Nem todo o que me diz: Senhor, Senhor! entrará no Reino dos Céus, mas aquele que faz a vontade de meu Pai, que está nos céus" (Mt 7:21, AA).

Então, Jesus espera que seja feito tudo aquilo que Ele dedicou tempo a ensinar, o que inclui não apenas a caridade, mas também a oração, o jejum, a fidelidade, o cuidado com as palavras, com os julgamentos entre outras atitudes.

O que Jesus ensinou sobre assistência aos necessitados

Quando estava abordando sobre o Reino dos Céus, após contar as parábolas das virgens e do servo inútil, Jesus disse que um dia colocará as ovelhas à direita e os bodes à esquerda e falará a esses: "Apartai-vos de mim, malditos, para o fogo eterno, preparado para o diabo e seus anjos; porque tive fome, e não me destes de comer; tive sede e não me destes de beber" (Mt 25:41-42, AA) e em seguida esclarece que "quando a um destes pequeninos o não fizestes, não o fizestes a mim" (Mt 25:45, ACF).

Essa é uma revelação muito forte e que afasta qualquer tentativa de uma interpretação que chegue à conclusão de que o socorro aos que padecem é algo facultativo. Nesse mesmo sentido, Jonathan Edwards (1703-58) afirma que o cuidado com os pobres não é apenas uma recomendação, mas uma obrigação de toda pessoa que se considera temente a Deus:

> Este é um dever para com o qual o povo de Deus tem obrigações muito rigorosas e indispensáveis. Não é meramente uma recomendação o fato de que um homem deva ser bondoso e generoso para com os pobres, mas sim um dever sagrado, tal como orar ou participar das reuniões, ou qualquer outra coisa; e sua negligência traz grande culpa sobre qualquer pessoa.[28]

No livro *Justiça generosa*, Timothy Keller, palestrante e pastor norte-americano, analisa a parábola do Bom Samaritano e conclui que ajudar os necessitados não é uma opção, mas um dever:

> O que Jesus estava querendo com essa história? Estava respondendo de forma ousada à pergunta: "O que significa amar meu próximo? Qual é a definição de 'amor'?". Como resposta, Jesus descreveu um homem preenchendo as necessidades materiais, físicas e econômicas de alguém. Cuidar das necessidades materiais e financeiras dos outros não é opcional.[29]

Jesus espera que seus seguidores amem o próximo com um amor lastreado em ações práticas, entre elas fornecer alimentos, roupas, medicamentos, abrigo etc., como será ainda mais evidenciado em seguida.

Lições da parábola do Bom Samaritano

Em certa ocasião, um doutor da Lei pergunta a Jesus o que deveria fazer para herdar a vida eterna. Então, Jesus devolve com outro questionamento: "O que diz a Lei?", ao que o referido doutor resumidamente responde: "Amar a Deus acima de tudo e o próximo como a si mesmo". A essa resposta Jesus assevera: "Respondeste bem; faze isso, e viverás". Mas o interlocutor insiste: "Quem é meu próximo?". Então, Jesus conta a seguinte parábola:

> Descia um homem de Jerusalém para Jericó, e caiu nas mãos dos salteadores, os quais o despojaram e, espancando-o, se retiraram, deixando-o meio morto. E, ocasionalmente descia pelo mesmo caminho certo sacerdote; e, vendo-o, passou de largo. E de igual modo também um levita, chegando àquele lugar, e, vendo-o, passou de largo.
>
> Mas um samaritano, que ia de viagem, chegou ao pé dele, vendo-o, moveu-se de íntima compaixão; e, aproximando-se, atou-lhe as feridas, deitando-lhes azeite e vinho; e, pondo-o sobre o seu animal, levou-o para uma estalagem, e cuidou dele.
>
> E, partindo no outro dia, tirou dois dinheiros, e deu-os ao hospedeiro, e disse-lhe: Cuida dele; e tudo o que de mais gastares eu te pagarei quando voltar. Qual, pois, destes três te parece que foi o próximo daquele que caiu nas mãos dos salteadores?

E ele disse: O que usou de misericórdia para com ele. Disse, pois, Jesus: Vai, e faze da mesma maneira (Lc 10:30-37, ACF).

Por que, em outro momento, Jesus disse que quem não der de comer a quem tem fome irá para o fogo eterno? Porque, como está elucidado nessa parábola, o amor ao próximo deve ser expresso também por meio da assistência aos que padecem. Então, se todos os mandamentos divinos podem ser resumidos em apenas dois, isto é, amor a Deus e ao próximo, quem faltar em um desses estará em falta com o próprio Deus, com consequências que ninguém gostará de experimentar.

George Whitefield (1714-70) concorda com essa perspectiva de que o verdadeiro amor deve ser expresso por meio de ações:

Nada é mais valioso e louvável, e ainda assim, nenhum dever é menos praticado que o da caridade. Muitas vezes fingimos preocupação e pena pela miséria e sofrimento de nossos semelhantes, mas raramente lamentamos a condição o suficiente para aliviá-los de acordo com nossas possibilidades; mas a menos que o assistamos com o que possam ter em necessidade, tanto para o corpo, quanto para a alma, todos os nossos desejos não serão mais que palavras sem valor. [...] Se houver amor verdadeiro, haverá caridade; haverá um esforço para socorrer, ajudar, e aliviar de acordo com a possibilidade com que Deus nos abençoou.[30]

Todo o ministério de Jesus pode ser expresso com uma palavra: amor. Tudo que fez e falou tem no amor sua essência. John Wesley, em Lewisham, no dia 23 de novembro de 1777, diante da Sociedade Humanitária, realçou esse aspecto da vida de Jesus:

A vós, que acreditais na Revelação Cristã, vos posso falar de maneira ainda mais incisiva. Credes que vosso abençoado Mestre "deixou a vós o exemplo de que deveríeis seguir os seus passos". Agora, sabeis que toda a vida Dele foi um trabalho de amor. Sabeis "como ele foi fazendo o bem", e isto sem cessar; declarando a todos, "O meu Pai trabalha, eu trabalho ainda!". Não é esta, então, a linguagem de vossos corações? Oportunidades de fazer isto nunca faltará; porque "os pobres sempre tereis convosco". Mas que oportunidade peculiar a solenidade deste dia vos oferece, a de "seguir os passos de Jesus", de uma maneira que nunca imaginastes antes?[31]

Enfim, quando se ama e, consequentemente, se exerce misericórdia em favor daqueles que não podem retribuir e que estão à margem da sociedade (pobres, doentes, prisioneiros, órfãos, viúvas, moradores de rua etc.), abre-se o caminho para também ser amado pelos céus e igualmente receber misericórdia, pois conforme visto no capítulo sobre a reciprocidade divina, os seres humanos serão tratados pelos céus da mesma maneira e intensidade que tratarem seus semelhantes. Então, considerando que "Não há nenhum justo, nem ao menos um" (Rm 3:10, KJA), melhor que haja larga e generosa misericórdia. Por isso, só há um caminho seguro: amar a Deus acima de tudo e o próximo como a si mesmo, com um amor prático, não teórico ou sentimental. A vida se resume nisso.

As obras de assistência são chave para o evangelismo

Em Mateus 5:14-16 (ACF), Jesus ordena que sejamos sal para a terra e luz para o mundo, deixando a luz resplandecer com o objetivo de todos verem as boas obras e glorificarem o Pai que está nos céus:

> Vós sois a luz do mundo; não se pode esconder uma cidade edificada sobre um monte; nem se acende a candeia e se coloca debaixo do alqueire, mas no velador, e dá luz a todos que estão na casa. Assim resplandeça a vossa luz diante dos homens, **para que vejam** as vossas boas obras e glorifiquem a vosso Pai, que está nos céus. (destaque meu)

Nessa passagem há a chave para um eficaz evangelismo: praticar boas obras, pois é a poderosa ferramenta para comunicar o amor do Pai pela humanidade. Timothy Keller[32] confirma que desde o início do cristianismo essa foi uma característica que tinha o poder de atrair o interesse para o Evangelho:

> As ações práticas dos cristãos para ajudar os necessitados foram, dessa forma, surpreendentes aos observadores e fizeram com que estes se interessassem pela mensagem do Evangelho. O imperador romano Juliano desprezava a fé cristã, mas admitiu honestamente que ela continuava conquistando seguidores porque a generosidade dos cristãos para com os pobres era cativante:
> "Nada tem contribuído mais para o avanço da superstição dos cristãos do que a caridade para com os estranhos [...] os galileus ímpios cuidam não apenas de seus pobres, mas também dos nossos".[33]

Um relato feito por Aristides, que remonta ao século II, de como era o estilo de vida dos cristãos naquela época confirma que a caridade era característica marcante e serve para analisar se as condutas atuais se parecem com as que ele mencionou e se, com base no que se vive hoje, pode-se considerar seguidor de Cristo:

Eles [os cristãos] ajudam aqueles que o ofendem, fazendo deles seus amigos; fazem o bem aos seus inimigos. Não adoram a ídolos; são agradáveis, bons, modestos, sinceros, amam-se uns aos outros; não desprezam as viúvas; protegem os órfãos; aqueles que têm muito dão àqueles necessitados, sem reclamar.

Quando conhecem estrangeiros, os convidam para suas casas com alegria, pois os reconhecem como irmãos verdadeiros, não naturais, mas espirituais.

Quando morre um pobre, se tomam ciência, contribuem de acordo com suas posses para seu funeral; se vêm a saber que algumas pessoas são perseguidas ou enviadas para a prisão, ou condenadas pelo amor ao nome de Cristo reúnem suas dádivas e as enviam ao que tem necessidade. Se não puderem fazer, tentam conseguir sua libertação. Quando um escravo ou um mendigo precisa de ajuda, eles jejuam dois ou três dias, e lhes dão a comida que haviam preparado para si mesmos, porque acham que ele também deveria estar alegre, pois foi chamado para ser alegre tanto quanto eles.

Ou seja, a prática das boas obras em favor dos necessitados serve para comunicar o amor de Deus pela humanidade e ainda tem o efeito de atrair vidas para o Evangelho.

As obras revelam nossa verdadeira fé

Provavelmente um dos textos mais importantes acerca da necessidade da prática das boas obras é a carta do apóstolo Tiago, na qual fica claro que são pelas obras que se conhece a fé da pessoa:

> Se um irmão ou uma irmã estiverem necessitados de roupa e passando privação do alimento de cada dia, e qualquer dentre vós lhes disser: "Ide em paz, aquecei-vos e comei até satisfazer-vos", porém sem lhe dar alguma ajuda concreta, de que adianta isso? Desse mesmo modo em relação à fé: por si só, se não for acompanhada de obras, está morta.
>
> Entretanto, alguém poderá afirmar: "Tu tens fé, e eu tenho as obras; mostre-me tua fé sem obras, e eu te demonstrarei minha fé mediante as obras que realizo". Crês, tu, na existência de um só Deus? Fazes bem! Até mesmo os demônios creem e tremem! (Tg 2:15-19, KJA)

Ou seja, não se trata de dizer que a salvação será pelas obras, mas que essas indicam aquilo em que se crê. Há duas principais maneiras de ajudar o próximo: fazendo ou possibilitando condições para que outros façam.

Na primeira, isto é, "fazendo", é necessário dedicar tempo a interesses que não são apenas os próprios. Assim, deixar de fazer pode ser um indicativo de uma vida voltada somente para os próprios interesses, o que significa egocentrismo e, consequentemente, que não se ama a Deus acima de tudo. Na segunda, isto é, "proporcionar condições para outros fazerem", é necessário contribuir financeiramente. Deixar de contribuir pode ser sinal de avareza, de falta de confiança que Deus honrará Sua palavra, ou evidenciar uma vida focada na conquista dc bcns matcriais apenas para benefício próprio (para si e seus familiares).

Em qualquer dessas hipóteses, deixar de ajudar o próximo significa que não se ama a Deus acima de tudo e muito menos o próximo como a si mesmo, pois a vida está centrada não Nele e naquilo que Ele orienta, mas nos próprios interesses ou no acúmulo e preservação de bens materiais.

Pelo menos, faça aquilo que é mais importante

O Evangelho não pode ser interpretado por meio da leitura de textos isolados. Quando era indagado sobre salvação, Jesus procurava expor o pecado específico da pessoa ou do grupo que era seu interlocutor. Para o jovem rico, o problema era ter o dinheiro acima de Deus (Mt 19:21-22). Para Nicodemos, que o procurou no meio da noite, faltava fé (Jo 3:12). Para aquele doutor da Lei que perguntou "que **farei** para herdar a vida eterna?" (destaque meu), a ordem foi bem clara: que exercesse a misericórdia, ajudando os que necessitavam (Lc 10:25-37, ARC). Por isso, deve-se buscar ter uma vida de oração e leitura da Bíblia a fim de estar sempre exposto a Ele, possibilitando que Seu "scanner" revele onde há necessidade de correções e mudanças.

Mas, a despeito das tantas nuances do Evangelho, Jesus classificou três preceitos (Mt 23:23) como os mais importantes daquilo que Deus espera: **justiça**, **misericórdia** e **fé**.

Por justiça, devem ser consideradas as atitudes que estão em conformidade com a vontade do Pai: jejum, oração, leitura da Bíblia, santidade (não mentir, não cobiçar, não adulterar com os olhos, mente e corpo, não enganar, não roubar, não julgar etc.), adoração, entre outras.

Misericórdia é aquilo que o samaritano fez, ou seja, expressar o amor incondicional e desinteressado ao próximo, cuidando-o e auxiliando-o em suas necessidades.

Fé é crer nos aspectos sobrenaturais do cristianismo: que Jesus nasceu de uma virgem por obra do Espírito Santo; que Ele é o Salvador prometido por Deus por meio de seus profetas; que Ele é o filho do Deus vivo; que ressuscitou ao terceiro dia e foi elevado ao Céu; que voltará; que Ele operou e ainda opera milagres. Em outras palavras, tudo aquilo que vai além da razão e, por isso, somente pela fé é possível crer.

Nenhum desses três mandamentos isoladamente é suficiente. Não basta só a justiça, nem só a misericórdia, nem mesmo só a fé. A genuína prática de um desses preceitos deve levar naturalmente à observância do outro. Fé no sobrenatural de Cristo deverá levar à prática das boas obras (Ef 2:10). Por outro lado, o cumprimento daquilo que se entende por justiça precisa ser motivado pela fé para não se tornar religiosidade sem vida (Rm 3:28). A fé em Cristo Jesus, mas desacompanhada das atitudes que Ele ensinou (Mt 7:21) — incluindo-se nelas tanto as práticas pessoais (jejum, oração, leitura bíblica, fuga do pecado, transformação da mente etc.), como também as obras de misericórdia em favor dos que padecem —, poderá significar uma fé débil ou não genuína (Tg 2:14).

Ter dinheiro não é problema, desde que proporcionalmente ajude quem padece

A prosperidade material, a abundância de dinheiro e as riquezas não são pecado. Na verdade, o dinheiro é neutro. É tal como a televisão ou a internet, depende de como é usado. Sem dúvida que, como dito anteriormente, o teste da riqueza é bastante difícil, e Jesus confirmou isso, pois é muito grande o risco de se tornar apegado aos bens materiais.

Nisso a prática da tsedacá é fundamentalmente útil, porque, quando se passa a dar atenção em suprir as necessidades dos desvalidos, tira-se o foco do próprio "eu", e isso ajuda a diminuir o egoísmo. Uma pessoa pode ter milhões de dólares em patrimônio e não ser avarenta, porque investiu também milhões em ajuda aos pobres e nas obras do Reino de Deus. Essa pessoa é um mordomo, porque, sem reter e sem deixar de ajudar quem padece, apenas desfruta daquilo que Deus lhe confiou, pois sabe, inclusive, que foi Ele quem deu a capacidade para conquistar a posição que alcançou.

Independentemente da controvérsia se o que Jesus contou sobre Lázaro e o Rico (Lc 16) foi um acontecimento real ou apenas uma parábola, o fato é que Ele ensinou uma lição em absoluta concordância com a transmitida na parábola do Bom Samaritano. Ao contrário do que pode parecer, a intenção não foi condenar o dinheiro, mas a forma como ele é utilizado, porque é isso que importa. O pecado não foi o homem ser rico, porém errou ao ser avarento e omisso ao não ajudar Lázaro, preferindo viver exclusivamente para seu próprio conforto. Tal como no caso do sacerdote e do levita da parábola do Bom Samaritano, a falta de amor ao próximo fez com que o rico fosse condenado por não ter ajudado Lázaro, mesmo tendo amplas condições de fazê-lo.

Jesus falou que sempre haverá pobres (Jo 12:8), o que significa que ninguém, por mais bem-intencionado e rico que seja, conseguirá extinguir a pobreza do mundo. Contudo, isso não pode ser justificativa para deixar de efetivamente fazer algo para ajudar. Ambas as parábolas revelam a mesma obrigação: expressar misericórdia ao próximo por meio de atitudes que supram as necessidades dos que padecem.

Ajudar os pobres fazia parte do cotidiano de Jesus e seus discípulos

O pastor Luciano Subirá, na pregação "Brilhe a sua Luz: As boas obras",[34] faz uma inteligente comparação entre santidade e boas obras (referindo-se às obras de caridade). Explica que, apesar de a santidade não salvar, ninguém ousa ser displicente com essa característica da vida cristã, a fim de não colocar em risco a própria salvação. Ele lembra que o mesmo raciocínio deve ser aplicado às boas obras, pois, se fomos salvos para elas, deveríamos ter a preocupação de praticá-las, assim como temos de buscar uma vida longe do pecado. A partir do Evangelho de João, o pastor Subirá ainda apresenta uma revelação importante. Alguns discípulos, ao ouvirem Jesus dizer a Judas para realizar depressa aquilo que estava para fazer, somente conseguiram pensar em duas opções: o apóstolo deveria comprar o necessário para a festa ou dar algo aos pobres. Eis o que está em João 13:27-29 (NVI):

> Tão logo Judas comeu o pão, Satanás entrou nele. "O que você está para fazer, faça depressa", disse-lhe Jesus. Mas ninguém à mesa entendeu por que Jesus lhe disse isso. Visto que Judas era o encarregado do dinheiro, alguns pensaram que Jesus estava lhe dizendo que comprasse o necessário para a festa, ou que **desse algo aos pobres**. (destaque meu)

Essa passagem evidencia que dar de comer a quem tem fome era uma característica marcante no ministério de Jesus. Do contrário, numa situação como essa, em que Ele não disse abertamente o que era para ser feito, os discípulos não teriam cogitado essa alternativa, conclui o referido pastor.

Deve haver empenho na prática das boas obras

O apóstolo Paulo insistia que houvesse efetivo empenho na prática das boas obras, não apenas um envolvimento superficial. Em

1 Tm 6:17-19 (NVI), ele orienta o discípulo Timóteo a ordenar aos ricos que pratiquem as boas obras, pois assim, consequentemente, alcançarão a verdadeira vida:

> Ordene aos que são ricos no presente mundo que não sejam arrogantes, nem ponham sua esperança na incerteza da riqueza, mas em Deus, que de tudo nos provê ricamente, para a nossa satisfação. **Ordene-lhes** que pratiquem o bem, **sejam ricos em boas obras**, generosos e prontos para repartir. Dessa forma, eles acumularão um tesouro para si mesmos, um firme fundamento para a era que há de vir, e assim alcançarão a verdadeira vida. (destaque meu)

Da mesma forma escreveu a Tito, em Tt 2:12-14 (ARC), dizendo que Jesus Cristo se entregou para libertar da iniquidade e para purificar para si um povo especial, que tinha, ou que deve ter, a seguinte característica: ser "zeloso de boas obras":

> Ensinando-nos que, renunciando à impiedade e às concupiscências mundanas, vivamos neste presente século sóbria, justa e piamente. Aguardando a bem-aventurada esperança e o aparecimento da glória do grande Deus e nosso Senhor Jesus Cristo; O qual se deu a si mesmo por nós para nos remir de toda a iniquidade e purificar para si um povo seu especial, **zeloso de boas obras**. (destaque meu)

Ainda nessa mesma carta, Paulo lembra que Deus não se moveu em amor e bondade aos homens por causa dos atos de justiça que praticavam, mas por pura misericórdia. Entretanto, ele orienta que Tito "afirme categoricamente essas coisas", com a finalidade destacada no trecho a seguir, em Tt 3:4-8 (NVI): "Fiel é esta palavra, e quero que você afirme categoricamente essas coisas, **para que os que creem em Deus se empenhem na prática de boas obras. Tais coisas são excelentes e úteis aos homens**". (destaque meu)

Mais adiante, na mesma carta a Tito, Paulo relaciona a falta da prática das boas obras com a improdutividade no reino: "Quanto aos nossos, que aprendam a dedicar-se à prática de boas obras, a fim de que supram as necessidades diárias e não sejam improdutivos" (Tt 3:14, NVI).

Essa orientação transmite o que ele próprio recebeu daqueles que eram considerados colunas do Evangelho, ou seja, Tiago, Pedro e João, quando, após o abençoarem a continuar pregando aos gentios, fizeram uma recomendação: "[...] que não nos esquecêssemos dos pobres" (Gl 2:10, KJA). Outro alerta fundamental, válido para todos os tempos e que ecoou nas palavras de Hudson Taylor (1832-1905), célebre missionário que fundou a Missão no Interior da China, foi o seguinte: "Imploro que considerem a causa destes pobres, e que o Senhor lhes dê entendimento".

Por fim, vale destacar que nos livros de Reis, há relatos de vários soberanos que tentaram fazer o que é justo e reto aos olhos de Deus, mesmo com históricos de seus antecessores praticarem por dezenas ou centenas de anos tudo o que é abominável. O que chama a atenção, contudo, é o fato de que, mesmo eles tentando ter uma vida correta, alguns momentos de sua história são descritos com um "porém", "entretanto", "todavia". Esses reis fizeram o certo, porém continuaram com algum pecado, conscientemente ou não. Foi assim com Asa (1 Rs 15:14), Josafá (1 Rs 22:43), Joás (2 Rs 12:2-3), Amazias (2 Rs 14:1), Azarias (2 Rs 15:6) e Jotão (2 Rs 15:36).

Trazendo essas lições para os dias atuais, certamente que o Senhor vê a tentativa de praticar atitudes corretas, tais como a adoração, o dízimo, as ofertas, o cuidado com as famílias e a não adoração de imagens. Entretanto, na história de muitos, haverá um "porém": "Fizeram o que é certo aos olhos do Senhor, mas, continuaram não ajudando os pobres e os necessitados". Que Deus ajude a mudar essa realidade.

Se já sabe, por que não pratica?

Apesar de tudo que foi escrito até este momento, a realidade é que praticamente todos sabem que a Bíblia expõe o dever de ajudar o próximo, mas raras são as pessoas que efetivamente doam algo além de sobras, isto é, de quantias que quase nada representam proporcionalmente dentro de seus orçamentos. Normalmente estão aprisionadas pelo medo e pela falta de fé de que Deus cumprirá o que prometeu. Thimoty Keller assim descreve o problema:

> Podemos argumentar seguramente que o problema de nossa sociedade não são as pessoas desconhecerem que devem partilhar com os outros e ajudar os pobres. A maioria sabe disso e crê que deve ser assim. O problema verdadeiro é que, embora saibam, não têm motivação suficiente para colocar a mão na massa. Portanto, a grande questão é como motivar as pessoas a socorrer os famintos e pobres deste mundo.[35]

Ou seja, parece existir uma "barreira" que faz com que, apesar de reconhecerem o dever de estender as mãos, as pessoas não conseguem sair da inércia. Keller entende que falta "motivação". Jonathan Edwards também reconheceu essa questão e pondera que a dificuldade ocorre porque "o homem é regulado apenas por um princípio de amor-próprio [...]", o que faz com que o ato de dar seja muito difícil por ser "muito contrário à natureza corrupta [...]"[36] do ser humano, que é movido pelo egoísmo.

Então, ninguém melhor que o próprio Criador para saber como lidar com sua criação e incentivá-la a efetivamente doar-se. Mais adiante esse tema será discutido com mais ênfase, considerando-se as consequências para quem pratica tsedacá.

É notório, enfim, que todas as pessoas são obrigadas a estender as mãos para ajudar quem precisa, pois Jesus ensinou e exortou sobre esse dever e, ainda, toda sua vida foi marcada por atos de amor em favor dos excluídos. Em outras palavras, tudo o que fez foi se dedicar em externar o amor de Deus pela humanidade.

Antes de continuar, convém registrar que o leitor deve ter percebido que apesar deste livro ter o foco de orientar o relacionamento com os bens materiais, muito de sua abordagem é sobre ajuda aos necessitados. Isso se deve ao fato de as Escrituras Sagradas não apresentarem objeção à riqueza e à prosperidade material, desde que haja proporcional abundância na prática de boas obras em favor daqueles que padecem.

Portanto, convém doravante avançar em esclarecer sobre a tsedacá no judaísmo e como um cristão pode semelhantemente praticá-la guiado pela revelação do Novo Testamento.

Para refletir

O que você tem feito para ser o "próximo" daqueles que sofrem com necessidades materiais básicas como alimento, roupas, remédios etc.?

_____

_____

_____

_____

_____

_____

Quando se depara com alguém em situação de necessidade, você age como um juiz "justo" (ajudando apenas se a pessoa merecer) ou um juiz "misericordioso" (ajudando independentemente de suas falhas)? Como você quer que os céus ajam com você?

_____

_____

_____

_____

_____

_____

_____

Sua fé é confirmada por suas atitudes?

_____

_____

_____

_____

_____

Você se envolve com ações de ajuda aos necessitados?

_____

_____

_____

Se a resposta for sim, seu envolvimento é pessoal,
financeiro ou ambos?

_____

_____

_____

_____

Se não ajuda, por quê?

_____

_____

_____

Você acredita que ajudar as pessoas em estado de necessidade
é uma obrigação ou uma opção?

_____

_____

_____

_____

4

Quanto destinar para tsedacá?

Como visto no capítulo anterior, ajudar as pessoas em situação de risco, com necessidades de alimentos, roupas, agasalhos, medicamentos, moradia, reforço escolar, qualificação profissional, instrução cultural, entre outras, não é apenas uma faculdade, mas uma obrigação instituída por Deus para todos, principalmente para os cristãos, a fim de que outros, vendo essas obras, glorifiquem o Pai que está nos céus (Mt 5:16).

Neste capítulo será evidenciado que, para tornar realidade a prática de ajuda aos necessitados, Deus estabeleceu para os judeus o mandamento do dízimo trienal aos pobres. Considerando esses preceitos, podemos assim discutir sobre qual deve ser a quantidade de recursos que se espera que os cristãos destinem nesse trabalho assistencial.

O fundamento do dízimo

Os dízimos descritos no Gênesis referem-se ainda ao período anterior ao êxodo do Egito. Eles eram realizados espontaneamente, segundo a generosidade e o amor de cada um para com o Criador.

Entretanto, após o êxodo, os hebreus receberam a Torá, que determinava as regras para a devolução do dízimo, conforme relatado em Levíticos e, ainda, em Deuteronômio:

> Também todas as dízimas do campo, da semente do campo, do fruto das árvores, são do Senhor; santas são ao Senhor (Lv 27:30, ACF).
>
> No tocante a todas as dízimas do gado e do rebanho, tudo o que passar debaixo da vara, o dízimo será santo ao Senhor (Lv 27:32, ACF).
>
> Certamente darás os dízimos de todo o fruto da tua semente, que cada ano se recolher do campo (Dt 14:22, ACF).

A partir desse momento, devolver o dízimo passou a significar obediência, uma vez que tal prática havia sido determinada por Deus. Mesmo depois do período no deserto, o povo continuou a ser advertido quanto ao dever de cumprir essa regra. Dentre eles, talvez Malaquias seja o mais frequentemente citado:

> Roubará o homem a Deus? Todavia, vós me roubais e dizeis: Em que te roubamos? Nos dízimos e nas ofertas. Com maldição sois amaldiçoados, porque a mim me roubais, vós, a nação toda (Ml 3:8-9, ARA).

Ou seja, aquilo que inicialmente era praticado de modo espontâneo passou a fazer parte das obrigações dos recém-libertos hebreus (judeus), que faziam parte do projeto divino de ter um povo santo, separado e apto a ser usado para abençoar todas as famílias da terra, conforme promessa feita ao patriarca Abraão.

Esse dízimo é o usualmente entregue também em igrejas cristãs — tanto católicas quanto protestantes — e tem como destinação a manutenção do templo e dos envolvidos nos trabalhos eclesiásticos.

O dízimo aos pobres

Contudo, ainda na Lei Mosaica existem versículos que tratam de outro dízimo, destinado aos pobres, órfãos e viúvas, isto é, às pessoas em estado de vulnerabilidade.

> Ao fim de três anos tirarás todos os dízimos da tua colheita no mesmo ano, e os recolherás dentro das tuas portas; Então virá o levita (pois nem parte nem herança tem contigo), e o estrangeiro, e o órfão, e a viúva, que estão dentro das tuas portas, e comerão, e fartar-se-ão; para que o Senhor teu Deus te abençoe em toda a obra que as tuas mãos fizerem (Dt 14:28-29, ACF).

> Quando acabares de separar todos os dízimos da tua colheita no ano terceiro, que é o ano dos dízimos, então os darás ao levita, ao estrangeiro, ao órfão e à viúva, para que comam dentro das tuas portas, e se fartem (Dt 26:12, ACF).

Apesar de alguns entenderem que o dízimo aos pobres é o mesmo dízimo referido antes, no judaísmo a interpretação que se faz é de que existem dois dízimos.

Enquanto o primeiro dízimo era para a manutenção do templo, esse outro, durante dois anos — em que recebia o nome de *maasser sheni*, ou simplesmente "segundo dízimo" —, deveria ser separado e consumido ritualisticamente em Israel — costume esse que após a destruição do Templo deixou de ser praticado — e, no terceiro ano — quando era denominado de *maasser ani*, ou "dízimo dos pobres" —, deveria ser destinado para a assistência das pessoas que passam por dificuldades, conforme critérios estabelecidos (e que serão abordados adiante neste livro). A coletânea de *Comentário Bíblico Beacon* aborda esse tema:

A concepção judaica é que as providências nestes versículos dizem respeito a um segundo dízimo além do primeiro, que, de acordo com Números 18:21-24, era dado inteiramente aos levitas. Isso significa que quase um quinto da renda é dado em dízimos, embora a maior parte do segundo dízimo, não considerando todo o terceiro ano, é consumido pelo dizimador e sua família. Esta não é só uma opinião teórica sobre a passagem, mas é uma prática entre os judeus.[37]

O rabino Rosh Baruch Ben Avraham ensina o seguinte sobre esse segundo dízimo:

Se trata aqui de um dízimo doado irregularmente de acordo com o ciclo de sete anos que concluía com o ano sabático. Só que diferentemente do *maasser sheni*, o segundo dízimo, que era dado no primeiro, no segundo, no quarto, no quinto e no sétimo ano, o *maasser ani*, o dízimo dos pobres, era dado no terceiro e no sexto ano. Isso resultava numa média menor, da ordem de 3,3%.

Antes de prosseguirmos convém citar que o judaísmo rabínico entende que a prática de dizimar é uma faca encostada na garganta de nosso egoísmo. É importante ressaltar que os argumentos tecidos por cristãos de que o dízimo envolve apenas produtos do campo não têm a ver com o judaísmo. Este sempre entendeu que colheita e renda são frutos das bênçãos de Adonay.[38]

Porém, chama a atenção o fato de que a doutrina judaica atual, de maneira mais ou menos uníssona, ensina que o dízimo aos pobres, que viabiliza a prática da tsedacá, deve ser no mínimo de 10%, e não os 3,33%, que seria a divisão óbvia do dízimo de 10% a ser distribuído a cada três anos.

A explicação de esse percentual ser mais elevado é que aqueles dízimos que não seriam mais consumidos em Jerusalém nos dois primeiros anos deveriam ter novo destino: os pobres. Ou seja, como a destruição do Templo impossibilitou a prática do segundo dízimo, esses recursos que já não pertenciam ao povo deveriam ser destinados aos necessitados. É novamente o rabino Rosh Baruch Ben Avraham quem esclarece:

> Dito isso, voltemos ao que nos prende agora, o *maasser ani*, que durante a época do templo os judeus deviam dar aos pobres separando 10% de suas rendas trienalmente (média de 3,3% ao ano). Hoje os judeus decidiram aumentar para 10% ao ano a fim de não ficarem em falta com o Criador, de quem se consideram sócios, já que antes tinham de dar 10% anual para o templo, além dos 3,3% em média para os pobres.[39]

Indiscutivelmente, é de grande mérito a decisão de alocar os recursos dos dois primeiros anos do segundo dízimo para a nobre função de assistir os pobres. Entretanto, não deve ser tratada como uma obrigação decorrente da Lei Mosaica, pois foi uma decisão humana, ainda que sábia. Assim, como dever estabelecido pelo Criador permanecem os 3,33%.

Dízimo dos pobres é diferente de tsedacá

Em que pese serem intimamente relacionados, chegando quase a se confundirem, a tsedacá e o dízimo dos pobres são duas práticas distintas. Tsedacá é o ato de ajudar nas necessidades dos vulneráveis da sociedade. Normalmente demanda dinheiro, mas às vezes apenas tempo e esforço pessoal, como, por exemplo, viabilizar um emprego ou prestar auxílio a um empreendimento que levará à autossuficiência. Por outro lado, o dízimo aos pobres é o ato de compartilhar com eles parte do dinheiro provido por Deus. Quando se dá esse dízimo e se cuida para que chegue às mãos de quem realmente precisa, automaticamente também se está cumprindo a tsedacá. O mínimo que se deve destinar para tsedacá é o equivalente ao dízimo aos pobres, pois aquele é mais abrangente que esse.

Apesar dessa peculiar distinção, tsedacá e o dízimo aos pobres costumam ser tratados como sinônimos e, salvo por preciosismo técnico, não há problema que assim o seja.

Tsedacá como obrigação inquestionável

No judaísmo, não há divergências sobre a prática da tsedacá ser uma obrigação estabelecida por Deus. Entretanto, a obrigatoriedade de entrega do dízimo aos pobres — na base dos 10% — ainda sofre algumas divergências de opinião. O aumento de 3,33% para 10% foi estabelecido com base no entendimento de que os recursos não pertenciam aos homens e por isso não era legítimo retê-los. Contudo, apesar do consenso entre as autoridades rabínicas ter grande relevância para esse povo, não se pode afirmar que a mudança seja uma obrigação decorrente da Lei Mosaica. As explicações a seguir confirmam esse posicionamento:

> A maioria das autoridades são de opinião que *maasser kessafim* é apenas um *min'hag* (costume) que foi aceito por algumas pessoas e, assim, cabe a cada indivíduo determinar a si próprio se quer, ou não, dar *maasser*.[40]

> No entanto, no caso em que haja pessoas pobres diante do indivíduo, ou se alguém conhece pessoas necessitadas, então ele está obrigado a dar pelo menos o mínimo de um décimo como tsedacá [...].[41]

Ou seja, segundo esse ponto de vista, apenas se houver conhecimento de que existem pessoas padecendo por alimentos, roupas, medicamentos etc. é que a prática inicialmente facultativa se torna obrigatória. Entretanto, diante da imensa pobreza no mundo, não se pode sinceramente afirmar que se desconhece a existência de alguém que padeça por socorro material; trata-se de fato notório. Consequentemente, segundo o ensinamento transcrito anteriormente, é obrigatória a entrega do dízimo para os pobres.

No máximo 20%

Além de indicar o mínimo a ser destinado para a tsedacá, o judaísmo também orienta o máximo de 20%. Entretanto, no texto bíblico não há referência expressa a esse teto contributivo, pois decorre de interpretação e aplicação de princípios. O rabino Shimon Taub explica que tal parâmetro se originou durante um dos exílios da Suprema Corte Judaica, quando foram reeditadas algumas leis que haviam sido esquecidas. Uma dessas leis era quanto à definição do limite. Mas ele aponta exceções:

1 Antes de a pessoa morrer: desde que esteja assegurada a provisão da família mais próxima, quando estiver próximo do falecimento (diríamos até em testamento);
2 Os que são muito ricos ou que possuem renda estável: por causa da improvável possibilidade de tornarem-se pobres;

3 Quando pessoas carentes estão à sua frente: para suprir necessidades básicas e quando há risco à vida por falta de alimentos, pois a vida deve ter prioridade absoluta;

4 Para patrocinar instituições de ensino de Torá e estudiosos de Torá: a justificativa é que a transmissão dos conhecimentos da verdade de Deus é fundamental para a humanidade;

5 Resgatando cativos: além de permitido, é até louvável socorrer pessoas nessas situações;

6 Dinheiro imerecido: no caso de sorteios, loterias, premiações;

7 Expiação por um pecado: sustenta-se que o mau decreto (diríamos maldição) decorrente de um pecado pode ser afastado por três ações: 1) arrependimento; 2) orações e 3) caridade. Por isso, com esse objetivo pode-se ultrapassar o limite; e

8 Aqueles que desperdiçam dinheiro: se essas pessoas não são bons mordomos do dinheiro que Deus lhes confia, podem ultrapassar o limite de 20%, porque se fossem bons administradores sobrariam mais recursos para ajudar aos que precisam.[42]

O objetivo desse teto para as doações é evitar que sejam feitas de modo insensato a ponto de levar o próprio doador à pobreza, transformando-o, junto com sua família, num fardo para a comunidade. Por isso é que as exceções aos 20% geralmente estão relacionadas às situações em que não há risco de empobrecimento ou quando a assistência é extremamente necessária.

Antes dos dízimos, as primícias

Apesar de não ser o foco deste livro, convém tecer algumas considerações sobre uma prática financeira que costuma despertar interesse de muitas pessoas.

Além do tradicional dízimo (10%) com função de haver manutenção do Templo e do dízimo voltado à assistência às pessoas em estado de vulnerabilidade (que era 3,33% e por decisão rabínica passou para 10%), os ensinamentos rabínicos sobre finanças ainda abordam outra contribuição, chamada na cultura judaica de *terumá*, mas também conhecida como *primícias*.

Nas primícias, o objetivo é unicamente honrar a Deus. É um valor que deve ser retirado antes dos dízimos e não deve ser entregue no templo, nem para pessoas carentes, mas diretamente ao sacerdote, para seu uso pessoal, como representante do Altíssimo. Ao contrário dos dízimos, os quais possuem percentual determinado, nas primícias a quantia é livre, pois deve ser conforme a generosidade e gratidão de cada um.

Algumas passagens bíblicas do Antigo Testamento apontam para essa prática:

> As primícias dos primeiros frutos da tua terra trarás à casa do Senhor teu Deus; não cozerás o cabrito no leite de sua mãe (Êx 34:26, ACF).
>
> Então tomarás das primícias de todos os frutos do solo, que recolheres da terra, que te dá o Senhor teu Deus, e as porás num cesto, e irás ao lugar que escolher o Senhor teu Deus, para ali fazer habitar o seu nome (Dt 26:2, ACF).
>
> Honra ao Senhor com os teus bens, e com a primeira parte de todos os teus ganhos (Pv 3:9, ACF).

Numa compilação judaica de comentários ao Livro de Provérbios, elaborada e traduzida por Adolpho Wasserman, consta a seguinte explicação sobre o provérbio: "Honre o Senhor com todos os seus recursos e com os primeiros frutos de todas as suas plantações; os seus celeiros ficarão plenamente cheios, e os seus barris transbordarão de vinho" (Pv 3:9-17, NVI):

> Os rabinos estabelecem que se deve dar como *terumá* aos sacerdotes cerca de ⅟₆₀ a ¼₀ do que se produziu, de acordo com a generosidade de cada um. Do restante, um décimo é deduzido para os levitas. Isto é conhecido como o primeiro dízimo. O segundo dízimo é separado para ser comido em Jerusalém em estado de pureza. De três em três anos o segundo dízimo deve ser dado aos pobres, para ser comido em qualquer lugar, não necessitando preservar o estado de pureza (Rashi).[43]

Ou seja, apesar de a Bíblia sugerir que as primícias devam ser doadas apenas conforme a generosidade de cada um, os rabinos orientam que elas devem ser medidas na quantidade entre ⅟₆₀ (1,66%) e ¼₀ (2,5%) daquilo que se ganha. O apóstolo Paulo é bem mais exigente e afirma que se deve repartir de *todos os bens* com quem ensina a Palavra: "E o que é instruído na palavra reparta de todos os seus bens com aquele que o instrui" (Gl 6:6, ARC).

Nas igrejas cristãs, o usual dízimo — para manutenção do templo — é bastante conhecido. Já o dízimo aos pobres costuma ser tratado como uma oferta espontânea diante de necessidades específicas, diferentemente do que foi exposto até aqui, de que as ofertas não devem ser algo esporádico mas constante, na mesma frequência dos rendimentos); além disso, não podem ser sobras, mas algo que seja relevante.

Quanto às primícias, apenas nas igrejas protestantes e especialmente nas de visão neopentecostal é que costumam ser ensinadas. A orientação sobre a prática das primícias é de que o doador analise quem exerce a função sacerdotal sobre sua vida, ou seja, veja quem ora por ele, quem dedica tempo para discipular e para ensinar a Palavra de Deus. Pode ser o pastor presidente do ministério, ou o líder de algum ministério específico dentro da comunidade religiosa. Quanto ao valor, a orientação é que se oferte, como primícias, o equivalente a um dia do trabalho no mês, ou seja, pegue a renda e divida por 30 ($\frac{1}{30}$ ou 3,33%). Já que a ideia é demonstrar generosidade para com Deus, que seja bem feito e supere o que fazem os judeus, que não conhecem a graça da salvação em Cristo.

Aliás, essa última frase já convida o leitor para a próxima e fundamental abordagem deste capítulo. Antes, convém recapitular que na cultura judaica existe concordância acerca de três contribuições:

1. **Primícias**: Entre 1,66% ($\frac{1}{60}$) e 2,5% ($\frac{1}{40}$), dependendo da generosidade da pessoa, para um cohen, isto é, um sacerdote, a fim de que ele use a doação para seu uso pessoal.

2. **Dízimo**: De 10% para os levitas, ou seja, os trabalhadores do templo, que têm a função de manter a Casa do Senhor.

3. **Dízimo aos pobres**: De 3,33% a 20%, destinados a atender às necessidades daqueles que padecem com carências materiais.

Todas essas contribuições fazem parte das leis que foram destinadas especialmente ao povo judeu, cujo representante, Moisés, recebeu diretamente de Deus no Monte Sinai, após libertação da escravidão que sofriam no Egito.

Contudo, os cristãos não estão obrigados a praticar ou a deixar de praticar qualquer atitude com fundamento na Lei Mosaica.

Então, para um cristão, qual é a importância de conhecer quanto um judeu é obrigado a destinar para primícias e dízimos?

A resposta está no final da citação a seguir, extraída de um sermão pregado pelo famoso puritano John Wesley, em sua elaborada série de pregações acerca do Sermão do Monte, em que ele lembra que Jesus exigiu que se fizesse mais do que os fariseus (Mt 5:17-20, NVI):

> Mesmo assim, Jesus disse: "Se a justiça de vocês não for muito superior à dos fariseus e mestres da Lei, de modo nenhum entrarão no Reino dos Céus". Essa é uma declaração solene que todos os cristãos deveriam considerar seriamente, com profundidade. Mas, antes de indagarmos como nossa justiça pode exceder à dos fariseus, vamos analisar se nos aproximamos deles no presente [...].[44]

Ou seja, o cristão deve conhecer quanto o povo judeu pratica, para que possa fazer não apenas igual, mas muito mais e motivado não pelo fato de ser uma obrigação da Lei, isto é, da Torá, mas impulsionado pelo amor ao próximo. Em outras palavras: "Se os judeus que vivem sob a lei reconheceram a soberania de Deus na disponibilidade da renda, com muito mais disposição os cristãos devem dar regular, proporcional e alegremente, levando em conta o Dom indizível de Deus!".[45]

Lei Mosaica: obrigação.
Graça: amor

Apesar de os cristãos viverem e serem salvos pela graça e de não sofrerem o peso da obrigação de cumprir a Lei Mosaica, ao contrário do que pode parecer, essa liberdade resulta em responsabilidades ainda maiores. Afinal, se é verdade que o amor de Cristo está presente, necessariamente deve haver boa vontade em fazer aquilo que agrada a Deus, e isso inclui investir recursos para que seja possível agir em favor dos despojados.

Em outras palavras, a liberdade cristã não foi conquistada a preço de sangue para cruzar os braços e pouco, ou nada, fazer. Isso quer dizer que a graça proporciona liberdade para ir além no serviço ao próximo, e, o que é melhor, sem peso de obrigatoriedade, ou seja, o que vale é o amor, que, em sua essência, se manifesta pelo cuidado com o próximo. O pregador norte-americano Charles Finney (1792-1875) é relevante ao destacar que: "O amor é repetidas vezes reconhecido na Bíblia não só como o que constitui a verdadeira religião, mas como toda a religião. Toda forma da verdadeira religião é só uma forma de amor ou benevolência".[46] Vale ressaltar que se trata de um amor prático, coerente com a teoria.

Portanto, é salutar refletir sobre o fato de Jesus Cristo ter se doado em sacrifício para libertação do pecado e do sofrimento eterno. E isso deve impactar a vida de cada um que se coloca sob seu senhorio, não para se desobrigar das leis e passar a viver a vida ao seu bel-prazer, sem nada realizar em função do outro. A lógica é justamente contrária: o sacrifício de Cristo possibilita-nos receber poder para vencer o eu e viver uma vida de abnegação e serviço em prol do outro, num impulso claro e coerente gerado por meio da lei do amor (o amor a Deus e ao próximo).

Os Dez Mandamentos, entregues a Moisés no Sinai, representam essa lei do amor, que foi expressa em tábuas de pedras e deveriam também ser gravadas no coração do ser humano. Por meio da lógica do amor a Deus sobre todas as coisas (representado pelos cinco primeiros mandamentos) e ao próximo como a ti mesmo (representado pelos cinco últimos mandamentos do Decálogo) podemos ainda hoje viver os preceitos dessa lei, principalmente na prática da assistência aos desprezados da sociedade. O amor a Deus nos levará a cumprir a lei do amor com o total apoio do Espírito Santo, que a cada dia nos constrange a amar mais, a ser mais misericordioso e a agir em favor do próximo.

Ademais, em nenhum momento somos desobrigados de práticas proveitosas como a oração, o jejum, a caridade (ou boas obras) e o perdão, porque tais atitudes são fruto do amor de Cristo no coração humano, que faz com que tenhamos condições de destinar parte dos ganhos para o auxílio aos pobres não apenas como cumprimento da vontade divina de que os vulneráveis sejam cuidados, mas porque esses atos contribuem para que o ser humano seja desprendido de bens materiais.

Li uma vez, se não me engano era um sermão de Ambrósio de Milão (340-397 d.C.), que viveu no século IV e foi considerado pai espiritual de Agostinho, que a misericórdia torna as pessoas perfeitas, pois, ao praticá-la, o ser humano imita o Pai perfeito. Assim, ao vestir um homem nu, nos vestimos com justiça. Ao trazer um necessitado para debaixo de nosso teto, ao ajudá-lo, recebemos a amizade dos santos e habitação eterna para nós (Mt 25:31-46).

Ao buscar refúgio no sacrifício de Jesus, o cristão passa a reconhecê-Lo não apenas como Salvador, mas também como Senhor de sua vida e, assim, torna-se submisso ao senhorio de Cristo, que repetidas vezes chamou atenção para a necessidade de assistência aos necessitados (estrangeiros, órfãos, viúvas, enfermos, prisioneiros) como demonstração prática do amor e da misericórdia ao próximo.

Diante disso tudo, longe de focarmos a tsedacá como lei irrevogável, importa analisar o quanto a um cristão convém voluntariamente destinar parte de sua renda para praticar algo que deve obrigatoriamente estar presente em sua vida: o amor e a misericórdia ao próximo.

Aja como se amasse, e o sentimento brotará

Estamos insistindo no fato de que o amor deve ser a motivação dos cristãos, mas e se não houver espontaneamente o desejo de ajudar o próximo?

Em primeiro lugar, deve-se ter consciência de que o amor citado até aqui não se refere a sentimentalismo barato, mas sim à prática revelada por efetivas atitudes, que não exclui, evidentemente, o sentimento, mas age independentemente dele.

Dale Carnegie, autor de vários livros, entre eles o bestseller *Como fazer amigos e influenciar pessoas*, ao ensinar profissionais a perderem o medo de falar em público, cita o psicólogo norte-americano William James, que orienta a ação confiante, a qual não despreza por si só o medo, mas que entende de antemão que sua atitude confiante gerará a emoção correspondente:

> O mais famoso psicólogo dos Estados Unidos, prof. William James, escreveu: "A ação parece seguir-se ao sentimento, mas, na realidade, ação e sentimento caminham juntos. Regulando a ação, que se encontra sob controle mais direto da vontade, podemos, indiretamente, regular o sentimento que não se encontra nessa mesma situação".[47]

Semelhante abordagem é feita pelo britânico Clive Staples Lewis, mais conhecido como C. S. Lewis, considerado por muitos o maior pensador cristão do século passado e conhecido pelo grande público como o escritor de *As crônicas de Nárnia*. Ele orienta as pessoas que se consideram "frias" e incapazes de sentir amor ou compaixão pelo próximo:

> Certas pessoas são "frias" por temperamento; isso pode ser um azar para elas, mas é tão pecaminoso quanto ter problemas de digestão — ou seja, não é pecado. Isso não lhes tira a oportunidade nem as exime do dever de aprender a caridade. A regra comum a todos nós é perfeitamente simples. Não perca tempo perguntando se você "ama" o próximo ou não; aja como se amasse. Assim que colocamos isso em prática, descobrimos um dos maiores segredos. Quando você se comporta como se tivesse amor por alguém, logo começa a gostar dessa pessoa.[48]

Portanto, exerça a caridade, aja como se fosse generoso e como se tivesse dentro de si um genuíno sentimento de amor pelas pessoas que padecem. Com o tempo, esses e outros mais nobres estados de espírito estarão fortalecidos dentro de si.

Quanto um cristão deve destinar de sua renda para a prática do amor e da misericórdia

Já foi exposto até aqui a quantia que a Lei Mosaica indica que um judeu deve destinar para ajudar os necessitados. Ressaltou-se também que para o cristão a obrigatoriedade não vem da Lei Mosaica, mas sim de uma fé fundamentada no amor em prática.

Para o cristão, que tem a liberdade de ajudar sem que isso seja uma obrigatoriedade de lei, o caminho está ainda mais aberto para que o encontremos doando ainda mais do que a Lei Judaica indica. Isso representaria mais não só em quantidade, mas em qualidade, pois o impulso para a abundância nas doações seria o verdadeiro amor cristão. Entretanto, infelizmente, temos visto ocorrer a lógica inversa. A realidade tem mostrado que o cristão, uma vez desobrigado da lei, tem feito pouco ou nada por seu próximo.

Diante dessa realidade, é preciso verificar o que, ao longo dos séculos, alguns pregadores e pensadores cristãos aconselharam sobre a quantidade de recursos que deveria ser destinada para viabilizar a assistência aos necessitados.

Para John Wesley, o caminho mais seguro sobre o quanto dar é o seguinte: "Não juntem tesouros na Terra, mas deem tudo que puderem; ou seja, tudo que tiverem",[49] e mais: "E, se você tem algum desejo de escapar da condenação do inferno, dê tudo que puder; caso contrário eu não tenho mais esperança na sua salvação do que aquela de Judas Iscariote".[50] Mesmo parecendo uma orientação bastante difícil, vale a pena verificar em detalhes esse entendimento wesleano:

> Vocês dão tudo que podem? Vocês que recebem cinco mil libras por ano e gastam apenas duas mil, vocês dão três mil de volta para Deus? Se não, vocês certamente roubam a Deus naquelas três mil. Vocês que receberam duas mil, e gastaram apenas uma, deram a Deus as outras mil? Se não, vocês roubaram a ele exatamente na mesma quantia. "Mas eu não posso fazer o que eu quero com o meu dinheiro?" Aqui está o fundamento de seu engano. Ele não é de vocês. Ele não pode ser, exceto se vocês forem o Senhor dos Céus e Terra. "De qualquer forma, eu devo providenciar para meus filhos."
>
> Certamente. Mas como? Tornando-os ricos? Então, vocês provavelmente farão deles ateus, como alguns de vocês já fizeram. "O que eu devo fazer, então?" Senhores,

falem aos corações deles! Ou o pregador fala em vão. Deixem a eles o suficiente para viverem, e não em indolência e luxúria, mas através do esforço honesto. E se vocês não têm filhos, sob qual princípio bíblico ou racional vocês podem deixar uma moeda atrás de si, mais do que aquilo que será gasto em seu enterro? Eu peço que considerem, no que vocês são melhores com relação ao que deixarem atrás de si? O que significa, se vocês deixarem dez mil libras, ou dez mil pares de sapatos e botas? Ó, não deixem coisa alguma atrás de si! Enviem tudo que vocês têm antes de seguirem para um mundo melhor! Emprestem; emprestem tudo ao Senhor, e lhes será pago novamente! Existe algum perigo de que esta verdade Dele falhará? Ela está fixada, como os pilares do céu.[51]

Em outras palavras, John Wesley está dizendo que devemos viver com quantia menor do que ganhamos, a fim de que tenhamos condições de praticar as obras sociais e assim, de acordo com a Bíblia, juntar tesouro no Céu, onde nem traça nem a ferrugem corroem. Isso quer dizer que ao praticarmos boas obras estamos permitindo que o Espírito Santo transforme nosso caráter à semelhança de Cristo, tornando-nos assim abnegados, zelosos de boas obras e aptos, por meio de Sua graça, a alcançar as mansões celestiais por ocasião da segunda vinda de Cristo à Terra.

Esse pode ser considerado o modo ideal de viver em conformidade com os ensinamentos de Jesus. Mas não negamos que se trata de um caminho bastante estreito a seguir na jornada cristã. E, quanto maior o apego aos bens materiais, mais doloroso poderá ser o atuar do Espírito no coração. Mesmo assim, essa dificuldade não deve ser impeditiva para avançar nessa mudança de vida e atitude, uma vez que bênçãos virão ao que com fé aceitar essa verdade e decidir viver com ela e por ela.

Sugere-se, então, talvez como parâmetro, que se comece essa prática doando, com base na tradição judaica, 3,33%. O coração abnegado e cheio de amor perceberá que melhor é dar do que receber. Com o tempo sentirá que é possível ir além. Agindo por amor e pelo Espírito, o cristão verá ser possível doar ainda mais, pois verá na necessidade do próximo a sua própria necessidade. Essa é a essência do verdadeiro amor.

Certamente existem obstáculos para que essa entrega e mudança no estilo de vida ocorram. Apego material e desorganização financeira (ou "má mordomia") são algumas das dificuldades.

Após refletir individualmente sobre a necessidade do desapego e da organização financeira, vale a pena considerar também o que outros cristãos indicam sobre como deve ser a vida de caridade, como C. S. Lewis argumenta:

> Eu não acredito que seja possível estabelecer o que devemos dar em termos quantitativos. Temo que a única regra segura seja de dar mais do que sobra. Em outras palavras, se as nossas despesas com conforto, luxos e diversão são equivalentes ao padrão do mundo entre os que ganham o mesmo tanto que nós, provavelmente estamos dando muito pouco. Se as nossas doações não nos causarem aperto ou embaraço, devo dizer que elas são demasiado pequenas. Então **deve haver coisas que gostamos de fazer, mas não podemos por causa das nossas despesas com caridade.** Estou me referindo agora à "caridade" no sentido comum. Casos particulares de necessidades e aflições vividas pelos próprios parentes, amigos, vizinhos ou empregados, que Deus, por assim dizer, nos força a notar

podem exigir mais ainda: até mesmo para debilitar ou pôr em risco a nossa própria posição.[52] (destaque meu)

Ou seja, o cristão sincero aprenderá a viver com pouco para que substanciais investimentos sejam feitos em obras sociais. A entrega, portanto, deve ser no nível de até mesmo, se preciso for, sofrer restrições financeiras que impeçam realizações materiais pessoais uma vez que a contribuição para o serviço ao próximo é a prioridade.

Convém sempre lembrar o princípio básico da tsedacá: o dinheiro não pertence aos seres humanos, pois estes são meros mordomos do Dono do Universo, ao qual prestarão contas do que fizeram com o que lhe foi confiado. Wesley insiste: "'Mas eu não posso fazer o que eu quero com o meu dinheiro?' Aqui está o fundamento de seu engano. Ele não é de vocês. Ele não pode ser, exceto se vocês forem o Senhor dos Céus e Terra".[53] Thimoty Keller também aborda de maneira clara essa ideia:

> O mordomo de um grande patrimônio tinha uma vida confortável e aproveitava os frutos de seu trabalho, porém jamais cometia o erro de achar que a riqueza sob seus cuidados lhe pertencia. Sua incumbência era gerenciá-la de modo que agradasse o proprietário e fosse justo com os outros servos.[54]

Como se observa, existem alguns caminhos possíveis sobre o quanto dedicar para a assistência aos pobres: 1) o do Antigo Testamento, de 3,33%; 2) o dos rabinos, de 10 a 20%; 3) o de John Wesley, de ganhar o máximo, gastar o mínimo e doar todo o restante e 4) o de C. S. Lewis, de dar não apenas o que está sobrando, mas o que obriga a sacrificar parte do conforto por amor ao próximo.

Em todos eles, um princípio deve ser observado: dar generosamente e com boa vontade. É o que ensina Jonathan Edwards: "Deus nos dá a direção de como devemos dar em tal caso, com fartura e de bom grado. Devemos dar generosamente e suficientemente para a necessidade do pobre".[55]

Apenas um caminho não encontra fundamento na Palavra de Deus: a inércia. A omissão em "pôr a mão no bolso" em favor dos pobres é um dos desdobramentos da avareza, que tem origem na idolatria.

Enfim, evidenciou-se neste capítulo que a ajuda aos necessitados deve obrigatoriamente ser realizada pelos cristãos, pois fundamenta-se no mandamento de amor prático ao próximo, e, apesar de poder ser cumprida seguindo diferentes caminhos, em todos deve ser observado um princípio: generosidade e boa vontade. O Criador almeja tanto que se estenda as mãos em favor dos que padecem por necessidades materiais, que permite algo único: colocá-Lo à prova. Aliás, isso convida para o assunto que será tratado no próximo capítulo, mas antes, algumas indagações.

Para refletir

Você se considera generoso ao ajudar as pessoas
em estado de necessidade?

_____
_____
_____
_____
_____
_____
_____
_____
_____
_____
_____

Quanto você investe de seus rendimentos mensalmente
para ajuda aos necessitados?

_____
_____
_____
_____
_____
_____
_____
_____
_____
_____
_____

Quanto isso representa de sua renda?

_____

_____

_____

_____

_____

_____

_____

_____

_____

_____

Como essa quantia impacta seu padrão de vida?

_____

_____

_____

_____

_____

_____

_____

_____

_____

_____

É apenas um valor que poderia ser usado para um jantar, uma viagem de férias, algum passeio em família ou é significativo a ponto de fazer com que você deixe de desfrutar de certos bens e serviços que lhes seriam importantes ou agradáveis?

_____

_____

_____

_____

_____

_____

Você acredita que, para ser considerado generoso e com boa vontade na ajuda ao próximo, deveria aumentar seu investimento na assistência ao próximo?

_____

_____

_____

_____

_____

_____

_____

_____

_____

_____

_____

_____

5

Consequência: "até que seus lábios se cansem de falar basta"

Advertência inicial

Com o receio de que os ensinamentos que abordaremos neste capítulo fossem confundidos com os princípios da teologia da prosperidade, que incentivam as pessoas a ofertarem a fim de alcançarem o enriquecimento exclusivamente para objetivos egoístas, este capítulo quase ficou fora deste livro. Entretanto, o fato de alguns usarem mal as verdades bíblicas não pode ser impedimento à transmissão de todos os aspectos que envolvem os verdadeiros princípios celestiais, especialmente, neste caso, o de ajuda ao próximo e a consequência de atrair bênçãos, inclusive as financeiras. Vale, contudo, iniciar com um alerta.

O apóstolo Paulo foi bem claro ao afirmar que aqueles que buscam ficar ricos "caem em tentação, em armadilhas e em muitas vontades loucas e nocivas" (1 Tm 6:9, KJA); por isso é que esse desejo deve ser sondado no coração de qualquer pessoa, principalmente no dos cristãos que anseiam passar a eternidade no Reino dos Céus. Deus sabe que a intenção deste livro não é usar Sua palavra para incentivar a busca vazia pela prosperidade material. O meu grande sonho é ver muitas pessoas prosperando e proporcionalmente investindo considerável parte de seus ganhos para o auxílio aos desvalidos, demonstrando, com isso, o amor de Cristo.

Dinheiro é instrumento

Feita essa advertência, convém registrar que o dinheiro, por si mesmo, é neutro e pode ser bênção ou maldição: o que determina é a sua forma de uso. Clemente de Alexandria, que viveu no século II d.C. e é considerado um dos mais eruditos cristãos de todos os tempos, ao discorrer sobre "Quem é o rico que deverá ser salvo", afirmou:

> Portanto, não há que abandonar os bens capazes de ser úteis a nosso próximo. Aliás, as posses se chamam "bens" porque com elas se pode fazer o bem, e foram previstas por Deus em função da utilidade dos homens. São coisas que aí estão, destinadas, como matéria ou instrumento, ao bom uso nas mãos de quem sabe o que é um instrumento. Se se usa o instrumento com arte, ele vale; do contrário, não presta, embora sem culpa disto.
>
> Instrumento assim é a riqueza. Se usada corretamente, presta serviço à justiça. Se usada incorretamente, serve à injustiça. Por natureza está destinada a servir, não a mandar. Não há que acusá-la do que não lhe cabe, isto é, do não ser nem boa nem má. A riqueza não tem culpa. Toda a responsabilidade cabe ao que pode usá-la bem ou mal, conforme a escolha que estabelece, isto é, segundo a mente e o juízo do homem, ser livre e capaz de manejar por próprio arbítrio o que recebe em mãos. O que importa destruir não são as riquezas, mas as paixões da alma que impedem o bom uso das mesmas. Tornado bom e nobre, o homem pode empregá-las bem e generosamente. Assim, a renúncia a tudo que possuímos, a venda de todas as posses, há de ser isto entendido no sentido das paixões da alma.[56]

Ou seja, é um instrumento e pode ser usado para o bem ou para o mal. Então, que seja usado sabiamente e em conformidade com anseios do Criador, que incluem a assistência aos necessitados.

Tsedacá traz prosperidade

Assim, foi com a intenção de superar a dificuldade que as pessoas têm de efetivamente colocar a mão no bolso e ajudar financeiramente quem padece, que Deus fez promessas de bênçãos a quem agir em favor dos desvalidos. É importante destacar que, para Ele, não há qualquer problema em prosperar quem agir dessa maneira, pois conhece intimamente sua criação e sabe que se houver assiduidade e generosidade na prática da ajuda aos necessitados, brotarão naturalmente as virtudes do amor e da compaixão, e, consequentemente, isso implicará num crescente desapego ao dinheiro. Já foi visto que os sentimentos caminham ao lado das ações.

O objetivo deste livro não é pregar prosperidade; porém, não se pode ocultar que Deus estabeleceu princípios que, se praticados, gerarão as respectivas consequências. No caso da tsedacá, há fartura de promessas de bênçãos, inclusive materiais.

Segundo informação do *Kairos Journal*,[57] Jonathan Edwards pregou o sermão "O dever de caridade para os pobres" em Northampton, Massachusetts (EUA) no ano de 1733, dirigindo-se a um público que, na época, desfrutava das benesses do crescimento econômico e das bênçãos espirituais do Evangelho. Ele queria levar os ouvintes ao autoexame, repreendendo-os por se dizerem cristãos e, ao mesmo tempo, deixarem de praticar o mandamento divino da assistência aos pobres. Mas, apesar de esse sermão ter sido uma repreensão, ele não omitiu a existência de recompensas terrenas e no mundo vindouro:

Segundo, se você der aos necessitados, ainda que apenas como uma virtude moral, você estará no caminho de muitos ganhos nos interesses temporais. Os que dão como um exercício de graciosa caridade estão no caminho de serem prósperos tanto aqui como no mundo vindouro [...].[58]

Jonathan Edwards baseou essa mensagem diretamente naquilo que está determinado em Deuteronômio 15:7-11 (ACF):

Quando entre ti houver algum pobre, de teus irmãos, em alguma das tuas portas, na terra que o Senhor teu Deus te dá, não endurecerás o teu coração, nem fecharás a tua mão a teu irmão que for pobre; Antes lhe abrirás de todo a tua mão, e livremente lhe emprestarás o que lhe falta, quanto baste para a sua necessidade.

Guarda-te, que não haja palavra perversa no teu coração, dizendo: Vai-se aproximando o sétimo ano, o ano da remissão; e que o teu olho seja maligno para com teu irmão pobre, e não lhe dês nada; e que ele clame contra ti ao Senhor, e que haja em ti pecado.

Livremente lhe darás, e que o teu coração não seja maligno, quando lhe deres; pois **por esta causa** te abençoará o Senhor teu Deus em toda a tua obra, e em tudo o que puseres a tua mão.

Pois nunca deixará de haver pobre na terra; pelo que te ordeno, dizendo: Livremente abrirás a tua mão para o teu irmão, para o teu necessitado, e para o teu pobre na tua terra. (destaque meu)

Como se lê, Deus promete que se as mãos estiverem sempre estendidas para auxiliar aqueles que padecem com necessidades materiais serão abençoadas por Ele em tudo a que se dedicar. Além disso, ressalta que nunca deixará de haver pobres na terra e que, por isso, jamais faltará oportunidades para praticar o amor e a misericórdia aos desvalidos.

O Salmo 41:1-2 (ACF) também é muito contundente na afirmação de que Deus fará feliz e abençoado aqui na Terra aquele que atender ao pobre:

> Bem-aventurado é aquele que atende ao pobre; o Senhor o livrará no dia do mal.
>
> O Senhor o livrará, e o conservará em vida; será abençoado na terra, e tu não o entregarás à vontade de seus inimigos.

Semelhantemente, o Salmo 112:1-10, (ACF) anuncia que haverá riqueza e prosperidade na casa daquele que, dentre outras atitudes, espalha e é generoso com os carentes:

> Louvai ao Senhor. Bem-aventurado o homem que teme ao Senhor, que em seus mandamentos tem grande prazer.
>
> A sua semente será poderosa na terra; a geração dos retos será abençoada. **Prosperidade e riquezas haverá na sua casa**, e a sua justiça permanece para sempre.
>
> Aos justos nasce luz nas trevas; ele é piedoso, misericordioso e justo.
>
> O homem bom se compadece, e empresta; disporá as suas coisas com juízo;
>
> Porque nunca será abalado; o justo estará em memória eterna.
>
> Não temerá maus rumores; o seu coração está firme, confiando no Senhor.

O seu coração está bem confirmado, ele não temerá, até que veja o seu desejo sobre os seus inimigos.

Ele espalhou, deu aos necessitados; a sua justiça permanece para sempre, e a sua força se exaltará em glória. O ímpio o verá, e se entristecerá; rangerá os dentes, e se consumirá; o desejo dos ímpios perecerá. (destaque meu)

No livro de Provérbios, o rei Salomão afirma que "Quem é generoso **será abençoado**, pois reparte o seu pão com o pobre" (Pv 22:9, NVI, destaque do autor), princípio que é reafirmado em "Quem dá com generosidade, vê suas riquezas se multiplicarem" (Pv 11:24, KJA), e retomado em: "O generoso sempre prosperará; quem oferece ajuda ao necessitado, conforto receberá" (Pv 11:25, KJA).

A Bíblia (Jr 22:16, BKJ) vincula a situação de "tudo ir bem na vida", à condição de a pessoa considerar a situação do aflito e do necessitado e que, isso sim, é conhecer a Deus: "Julgou a causa do necessitado e do pobre; e assim, **tudo lhe transcorria de modo agradável. E, afinal, não é isso que significa conhecer-me?** Afirma o Eterno". (destaque meu)

Outro desdobramento interessante da tsedacá é revelado quando os religiosos da época se surpreenderam porque Jesus não se lavara conforme a tradição judaica. Ele os repreendeu dizendo, entre outras coisas: "Portanto, dai ao necessitado do que está dentro do prato, e vereis que tudo vos será purificado" (Lc 11:41, KJA). Dois pontos podem ser abordados nessa passagem cuja expressão "dai ao necessitado", que também é traduzida por "dai esmolas", no original é a mesma *eleemosune*, ou seja, "obras de misericórdia com os carentes". Primeiramente, Cristo mais uma vez orienta a fazer caridade. Segundo, indiretamente Ele toca num ponto que os rabinos ensinam ser uma das consequências da tsedacá: de purificar todo o restante do dinheiro que fica conosco, ou seja, ao destinar uma parte aos pobres, santifica-se o restante dos recursos.

Após contar a parábola do Rico Insensato, Jesus ensina a como guardar os recursos num lugar seguro e eterno: "Vendei os vossos bens e ajudai os que não têm recursos" (Lc 12:33, BKJ). Em outras versões, assim traduziram: "Vendei os vossos bens e dai esmola" (ARA). Mas qual é a palavra no original? *Eleemosune*.

A fartura, mesmo onde haja dificuldades e crises, é assegurada àqueles que ajudam os que têm fome e buscam satisfazer seus anseios:

> Se com renúncia própria beneficiares os que têm fome e buscares satisfazer o anseio dos aflitos, então, naturalmente, a tua luz despontará nas trevas e a tua noite será como o meio-dia.
>
> Yahweh será o teu guia continuamente e te assegurará a fartura, mesmo em terra árida; ele revigorará os teus ossos, e tu serás como um jardim regado, como uma fonte generosa e borbulhante cujas águas nunca se esgotam (Is 58:10-11, BKJ).

Ambrósio de Milão (340-397 d.C.) também teria afirmado que ninguém será mais abençoado do que aquele que atende as necessidades do pobre e o sofrimento dos fracos e indigentes.

Tsedacá protege

A bênção vai além de ter prosperidade material e espiritual, pois a prática da tsedacá também serve como ferramenta de conservação daquilo que se conquistou. Jonathan Edwards realçou esse aspecto: "Você pode confiar na sua própria sabedoria para a prosperidade futura. Mas se Deus ordenar a adversidade, ela virá".[59] De igual maneira, disse o investidor e filantropo Sir John Templeton: "O melhor investimento, com o menor risco e o maior dividendo, é repartir".[60] Também não foi sem motivo que o profeta Daniel orientou o rei Nabucodonosor a praticar a misericórdia com os pobres para afastar as consequências da injustiça que praticou:

> Portanto, ó rei, aceita o meu conselho e põe termo, pela justiça, em teus pecados e em tuas iniquidades, usando de misericórdia para com os pobres; e talvez se prolongue a tua tranquilidade (Dn 4:27, AA).

Os sábios da Torá também ensinam que a tsedacá, juntamente com o arrependimento e com as orações, "anula maus decretos".[61] Enfim, além de prosperar, no sentido do incremento de abundância material, ainda há a proteção contra perdas, mais um motivo para se empenhar em generosamente ter a tsedacá como prática habitual.

Tsedacá gera satisfação

Outro aspecto decorrente do hábito de auxiliar o próximo é ter satisfação com aquilo que se possui.

O rei Salomão, conhecedor da natureza humana, sabia que a busca pelo dinheiro poderia se tornar infinita e insaciável, por isso escreveu: "Quem ama o dinheiro jamais terá o suficiente; quem ama as riquezas jamais ficará satisfeito com os seus rendimentos. Isso também não faz sentido" (Ec 5:10, NVI). Da mesma forma, disse o filósofo grego Sócrates: "Quem não está satisfeito com o que tem, não ficará satisfeito com o que não tem". Portanto, sentir satisfação com aquilo que se tem é uma dádiva divina. John Wesley também se manifestou sobre essa perspectiva:

E o mais verdadeiro, como o ateu observa: *Crescit amor nummi, quantum ipsa pecúnia crescit* — "Assim como o dinheiro cresce, assim o amor ao dinheiro aumenta na mesma proporção". Da mesma forma que na hidropisia [acumulação anormal de líquido seroso nos tecidos], quanto mais você bebe, mais tem sede; assim será, até que esta sede insaciável mergulhe você no fogo que jamais será extinto![62]

Na vida de cada pessoa, há uma necessidade que só pode ser preenchida pela presença de Deus e somente com ela haverá paz e satisfação. Mas, infelizmente, muitos perdem tempo inutilmente procurando a saciedade em lugares errados, como nas drogas, no álcool, nos bens materiais, no consumismo, no intelectualismo etc. É possível aqui um paralelo com a tsedacá. Quando se diz que haverá satisfação com o que se tem, em suma se diz que, à medida que se pratica as obras de misericórdia, expressando o amor de Deus, consequentemente passa-se a conhecê-Lo e a ser cheio Dele.

Por meio do profeta Jeremias, Deus disse que, ao "julgar" a causa do aflito e do necessitado, tudo sucederá bem e que é isso que significa conhecê-Lo. Ele não está dizendo para ser "juiz", mas para atentar para a condição dos pobres e, obviamente, agir no sentido de suprir as suas necessidades. Quando se fizer isso, estar-se-á preenchendo com o amor Dele o vazio que há na alma e que só Ele pode ocupar: "Julgou a causa do aflito e necessitado; então lhe sucedeu bem; porventura não é isto conhecer-me? diz o Senhor" (Jr 22:16, ACF).

O sentimento de insatisfação é normalmente relacionado ao egoísmo. Por isso é que, quando se tira o foco de si mesmo e se passa a pensar no próximo e em suas necessidades, dedicando-se a supri-las, os desejos por satisfazer o próprio ego começam a diminuir, atraindo um dos aspectos da prometida prosperidade, que é se sentir feliz com o que se tem. Nesse sentido, Timothy Keller considera que, "na perspectiva bíblica, tanto a imoralidade sexual quanto o egoísmo material são resultado de uma vida centralizada no ego, em vez de centralizada em Deus".[63]

Tsedacá: prosperidade, fartura, proteção e satisfação

Como se nota, não é em uma passagem isolada que Deus garante prosperidade, fartura e proteção para os que ajudam os pobres, tampouco se trata de uma conclusão fruto de uma rebuscada interpretação teológica. Muito pelo contrário, é algo escancarado nas Escrituras, fundamentado no princípio da reciprocidade, já tratado em capítulo anterior, segundo o qual Deus retribuirá na medida em que se for bênção na vida daqueles que necessitam, de maneira que cabe a cada um decidir a medida em que quer receber bênçãos: se larga e abundante ou se estreita e escassa. Jesus foi claro nesse sentido:

> Dai sempre, e recebereis sobre o vosso colo uma boa medida, calcada, sacudida, transbordante; generosamente vos darão. Portanto, a medida que usares para medir o teu próximo, essa será usada para vos medir (Lc 6:38, BKJ).

Assim, não é à toa, e muito menos sem base bíblica, que os sábios da Lei Judaica insistem que aquele que pratica tsedacá ficará rico e satisfeito, porque também haverá o agradável contentamento e satisfação com aquilo que recebeu de Deus:

> O dito de nossos sábios "Asser bishvil she titasher" — "Dê o dízimo para que você enriqueça" — não se refere à ri-

queza material, mas à qualidade de ter todas as necessidades atendidas, de modo que nada falte. Pois esse é o aspecto principal da riqueza, que pertence ao lado da *Kedushá*, conforme está escrito: "Quem é rico? Aquele que está contente com a sua porção" (Pirkei Avot 4:1) (Meor Enaim, Parashat Re'eh).[64]

O rabino David Weitman[65] lembra que o único mandamento em que Deus permite ser testado é no caso do cumprimento da tsedacá, quando se receberá bênçãos até dizer "basta". Ao prefaciar a obra *As leis de tsedacá e maasser*,[66] ele reforça essa verdade, citando o Talmude:

> Os nossos Sábios (Shabat 32b) adicionam: "Até que seus lábios se cansem de falar basta". Ou ainda: "Dê o dízimo e assim irás enriquecer", garantem nossos Sábios (Taanit 9a, Shabat 119a).

Entre os cristãos, a promessa do livro de Malaquias 3:10 (KJA) é bem conhecida; porém, apesar de normalmente ser relacionada somente ao tradicional dízimo, não há qualquer razão para excluir dessa promessa o dízimo aos pobres:

> Trazei todos os dízimos à casa do tesouro, para que haja mantimento na minha casa, e depois fazei prova de mim nisto, diz o Senhor dos Exércitos, se eu não vos abrir as janelas do céu, e não derramar sobre vós uma bênção tal até que não haja lugar suficiente para a recolherdes.

Nas igrejas cristãs o dízimo tem sido entendido apenas como referência à devolução de parte do rendimento para a igreja a fim de que seja sustentada a pregação do Evangelho. A questão do dízimo aos pobres tem sido pouco ou nada enfatizada então. Mas, com base em tudo o que vimos estudando até aqui, a promessa de Deus não se aplica apenas a um tipo de dízimo. Um exemplo disso é a pluralidade da palavra dízimo ("todos os dízimos").

O rabino Shimon Taub explica que a razão de Deus permitir ao homem testá-Lo nisso é que ele definitivamente será rico, então não há problema em prová-Lo. E aponta, ainda, outro motivo:

> Outra razão é que, como é geralmente muito difícil que a pessoa reparta seu dinheiro, a Torá permitiu-lhe testar *Hashem* no que tange a dar *maasser* para garantir que aquela pessoa haverá de ajudar o pobre.[67]

Enfim, a Bíblia está repleta de passagens em que Deus garante bênçãos de prosperidade, fartura, proteção e satisfação aos que praticarem a ajuda aos necessitados. Por fim, vale lembrar que é uma prosperidade "muito excelente", pois não traz angústia e preocupações, mas descanso e plena satisfação, porque "A bênção do Senhor é que enriquece; e não traz consigo dores" (Pv 10:22, ACF).

Para refletir

Você conhece pessoas que têm consciência de que é obrigação ajudar os pobres, mas que não praticam por receio de ficarem sem dinheiro? Essa é uma realidade em sua vida?

_____

_____

_____

_____

_____

_____

_____

_____

_____

_____

_____

_____

_____

Você acredita que a Bíblia é a Palavra de Deus e que Ele tem compromisso em honrar tudo o que prometeu?

_____

_____

_____

_____

_____

_____

_____

_____

_____

_____

_____

_____

_____

_____

_____

Você compreendeu que Deus promete abençoar,
inclusive financeiramente, quem estende as mãos para
socorrer materialmente os aflitos?

_____

_____

_____

_____

_____

_____

_____

_____

_____

_____

_____

_____

_____

_____

6

Um exemplo interessante

Muitas pessoas começam a praticar tsedacá apenas depois de já serem ricas e talvez somente como um alívio para a consciência, pois deve ser, no mínimo, incômodo viver na abundância e nada fazer para mudar a realidade dos milhões de seres humanos que morrem por falta do básico. Mas até mesmo nesses casos de "desencargo" de consciência, o hábito de ajudar os pobres atrairá bênçãos. Só não pode ocorrer o que C. S. Lewis registrou e que já foi mencionado: tendo por base a renda e o padrão de vida das outras pessoas na mesma condição financeira, repartir apenas o que é irrisório, sem qualquer sacrifício dos prazeres consumistas, demonstrando falta de compromisso em ajudar aqueles que padecem. Jesus se referiu a essas pessoas em Lucas 21:4 (AA): "porque todos aqueles deram daquilo que lhes sobrava". Podem até ser doações de milhares ou milhões de reais, mas ainda assim serem "sobras".

Por outro lado, existem aqueles que, mesmo sem grandes recursos, esforçam-se em praticar o amor ao próximo, sacrificando seu legítimo direito de usufruir do pouco que até o momento conquistaram. Ao agirem assim, abrem um canal para que o Céu derrame bênçãos abundantes em suas vidas.

Felizmente, também há muitos que são prósperos e, ao mesmo tempo, se alegram em generosamente repartir para proporcionar auxílio aos marginalizados da sociedade. Exemplo disso está no livro *Os segredos da mente milionária*,[68] em que o autor, T. Harv Eker, relata que, quando se mudou para um sofisticado bairro da cidade de San Diego, na Califórnia, imaginou que teria vizinhos esnobes e desagradáveis, mas, para sua surpresa, conheceu pessoas simpáticas e dedicadas à prática da caridade. Um casal com o qual ele e sua esposa jantaram chamou especialmente a atenção dele, porque tinha como meta anual fazer a maior doação individual para o Hospital da Criança. Além disso, o marido, médico angiologista, "doava" sua terça-feira para realizar gratuitamente cirurgias em pessoas carentes da cidade, dia em que trabalhava das 6h às 22h. Além disso dirigia uma organização empenhada em convencer outros médicos a adotar o "dia grátis". Ou seja, fazia muito mais que o mínimo.

Não despreze os princípios celestiais

O pastor Craig Hill, presidente da Family Foundations International, que realiza o transformador curso "Veredas antigas", em seu livro *Cinco segredos da riqueza que 96% das pessoas não sabem* relata um diálogo bastante elucidativo de um amigo com um contador judeu:

> Outro amigo meu, Earl Pitts, falou-me a respeito de uma conversa interessante que teve com seu contador judeu, muitos anos atrás. Depois de conversar sobre seus impostos, Earl perguntou se poderia fazer a ele uma pergunta pessoal. O contador ficou contente por poder ajudar. Então Earl perguntou:
>
> — Eu presumo que você tenha clientes tanto judeus quanto cristãos. Estou certo?

— É claro — respondeu o contador.

— Diga-me honestamente — continuou Earl — quem é mais próspero? Quem tem demonstrações financeiras de maior valor: seus clientes judeus ou cristãos?

Como se poderia suspeitar, o contador deu risada e respondeu:

— Meus clientes judeus, é claro. Aproximadamente dez por um em importância.

Então, Earl indagou:

— Mais uma pergunta: como você mesmo é judeu, por que você acha que isso é assim? Qual a sua opinião pessoal?

O contador pensou um instante, então pegou a Bíblia de Earl, que ele levava consigo, e disse algo parecido com o seguinte:

— Vocês, cristãos, tendem a viver conforme o que está na segunda parte deste livro, enquanto nós, judeus, vivemos normalmente de acordo com o que está escrito na primeira parte. Infelizmente, para os cristãos, a maioria dos princípios financeiros está na primeira parte deste livro. Assim nós, judeus, cremos nesses princípios e permanecemos neles, enquanto vocês, cristãos, parecem ignorá-los e desconsiderá-los porque são do Antigo Testamento. Mas eu creio que a fidelidade a esses princípios é o que faz as pessoas prosperarem financeiramente.

Desde que ouvi isso pela primeira vez de meu amigo Earl, já escutei, diversas vezes, explanações de amigos judeus semelhantes ao que segue: "Na verdade, eu não compreendo totalmente suas crenças cristãs, mas pelo que entendo, parece que a maioria dos cristãos tem a ideia de que podem violar os princípios básicos descritos na Bíblia e, depois, são perdoados por causa da graça de

Deus por meio do sacrifício de Cristo. Assim, acreditam que tudo estará em ordem. Além do mais, parece-me que a maioria dos cristãos acha que não precisa prestar nenhuma atenção aos princípios financeiros explicados em Provérbios ou no restante do Antigo Testamento porque fazem parte da 'Lei'. Como os cristãos estão 'em Cristo' e não mais 'debaixo da Lei', não sentem necessidade de permanecer nesses princípios financeiros do Antigo Testamento. Ao contrário, nós, judeus, acreditamos que de fato temos que praticar e permanecer nestes princípios da Lei. Assim, na minha opinião e de acordo com a minha experiência, permanecer nos princípios financeiros bíblicos produz prosperidade muito maior do que ignorá-los e desconsiderá-los". Minha observação pessoal tem sido a de que muitos evangélicos e cristãos renovados gostam de estudar a Bíblia. Muitos podem lhe dizer exatamente em que parte se encontra determinada passagem e até citar o versículo para você. Entretanto, frequentemente, à medida que estudam a passagem bíblica, tais cristãos na prática violam os princípios de vida contidos nela. Por outro lado, muitos judeus não sabem apontar em que parte da Bíblia se encontra determinada passagem, mas por causa da cultura e dos ensinamentos familiares, eles inerentemente praticam o princípio contido nela.[69]

Em outras palavras, os cristãos deixam de desfrutar de bênçãos em sua vida por descuidarem de cumprir diversos princípios contidos no Antigo Testamento, que é onde estão as bases daquilo que Deus espera de cada um e sobre o que Jesus veio trazer entendimento real, dissociado do pensamento religioso da época.

O jovem e generoso John

Mas o grande exemplo a ser citado é o do batista John Davison Rockefeller, seguramente um dos homens mais ricos do mundo moderno. Em valores atualizados, até o ano de 2006, ele teria algo em torno de 664 bilhões de dólares, ou seja, muitas vezes mais do que muito dos maiores bilionários da atualidade: Bill Gates, Warren Buffett, Jeff Bezos etc.

Chamam a atenção duas informações extraídas do livro de Ron Chernow[70] sobre a vida desse homem: a primeira de que, desde o humilde início de sua carreira, quando "o total de seus primeiros três meses de salário foi de cinquenta dólares, já era adepto da filantropia, doando 6% do que ganhava à caridade, aumentando para 10% aos vinte anos";[71] e a segunda de que "A riqueza de Rockefeller cresceu junto com suas doações".[72]

Essas informações são confirmadas por Peter J. Johnson, historiador e associado da família Rockefeller, que acrescenta que sua mãe, Eliza Davidson Rockefeller, "foi uma mulher muito devota, que educou os seus filhos de acordo com os preceitos cristãos".[73] Ele afirma também o seguinte:

> E uma parte significativa do seu rendimento continuou a ser dedicado ao que poderia ser denominado de "caridade" — ainda não tinha se tornado filantropia. De 1855 até 1890, ele doou quase que exclusivamente para organizações da Igreja Batista nos EUA. Isto não era incomum. As pessoas tendem a doar para as organizações das quais elas se sentem parte. Além disso, não havia muitas organizações seculares para as quais doar dinheiro.
>
> Além de rico, JDR tinha se tornado muito famoso. Cartas pedindo assistência financeira transbordavam em seu gabinete. Havia malas enormes cheias de cartas

que o acompanhavam em diferentes lugares e ele tentava ler cada carta, avaliar o pedido, e enviar dinheiro quando oportuno. Mas foi ficando cada vez mais difícil para ele realizar este trabalho sozinho.[74]

No livro *Como evitar preocupações e começar a viver*, no capítulo "Histórias verdadeiras", Dale Carnegie nos conta mais detalhes daquilo que foi feito por esse homem:

> Nunca houve antes, durante toda a história, nada que se assemelhasse, sequer remotamente, à Fundação Rockefeller. É uma coisa única. Rockefeller sabia que em toda parte do mundo há generosas iniciativas de homens de visão. Fazem-se pesquisas; fundam-se universidades; médicos lutam no combate à doença — mas tais obras altruísticas morrem, demasiado frequentemente, por falta de fundos. Resolveu ajudar esses pioneiros da humanidade — não "levá-los pela mão", mas dar-lhes algum dinheiro, ajudando-os a que se ajudassem a si próprios. Hoje, você e eu podemos agradecer a John D. Rockefeller os milagres da penicilina e de dezenas de outras descobertas que o seu dinheiro ajudou a financiar. Você pode agradecer-lhe pelo fato de seus filhos não morrerem mais de meningite cerebroespinhal, doença que costumava matar quatro em cada cinco crianças atacadas. E pode também agradecer-lhe pelos progressos feitos quanto à malária e à tuberculose, ou à gripe e à difteria, e a muitas outras enfermidades que ainda afligem a humanidade.[75]

É importante citar os feitos de Rockefeller porque ele é um dos casos de alguém que não esperou ser rico e ter dinheiro sobrando para só então compartilhar com as obras sociais. Desde a época em que recebia um salário irrisório, já praticava o princípio. Calcula-se que ele doou cerca de 540 milhões de dólares ao longo da vida e que morreu com cerca de 1,4 bilhão de dólares. Numa conta superficial, nota-se que generosamente ofertou por volta de ⅓ daquilo que acumulou. Se a fortuna dele atualizada até 2006 representava cerca de 664 bilhões de dólares, então, proporcionalmente, distribuiu para projetos sociais em torno de 256 bilhões de dólares, ou 5,12 vezes o patrimônio de Bill Gates em 2006, o homem mais rico do mundo naquele ano, segundo a *Forbes*.[76] Ele frequentemente declarava se basear na orientação de John Wesley sobre ganhar o máximo, gastar o mínimo e doar o que pudesse.

Há muita crítica acerca do rumo espiritual que a Família Rockefeller tomou a partir dos descendentes desse patriarca. John Davidson Rockefeller, porém, nasceu numa família de recursos modestos e buscou viver uma vida cristã, principalmente por causa de sua mãe, que, muito religiosa, transmitiu-lhe sua devoção. Aparentemente, ele não conseguiu passar para seus filhos o mesmo temor a Deus que tinha inicialmente. Por outro lado, analisando a intensidade com que a família continua fazendo doações multimilionárias e, às vezes, bilionárias, percebe-se que, pelo menos no que diz respeito às finanças, aprenderam o princípio de conservar o seu patrimônio e fazê-lo crescer. Ao contrário de outras famílias que perderam as fortunas entre as gerações, os Rockefeller conseguiram conservar o seu poderio financeiro.

A razão disso, vale observar, é que os princípios divinos são imutáveis e seus desdobramentos não estão vinculados à religiosidade daquele que os observa ou os descumpre. Aliás, é nesse sentido que um famoso escritor da atualidade, John Bevere, assevera:

Conheço não cristãos que têm muito sucesso nos negócios porque costumam fazer doações para instituições de caridade. Eles estão colhendo os benefícios da Lei da plantação e da colheita, que é explanada de forma tão clara nas Escrituras.[77]

Portanto, crendo ou não, frequentando igreja ou não, quem observar os mandamentos estabelecidos por Deus colherá os frutos correspondentes, inclusive no aspecto financeiro.

Para refletir

Você conhece pessoas que dedicam parte importante de suas rendas para o socorro aos pobres? Como é a vida delas?

_____
_____
_____
_____
_____
_____
_____
_____
_____
_____
_____
_____
_____
_____

Você conhece pessoas que praticam princípios bíblicos mesmo sem ter consciência de que são mandamentos divinos? Elas colhem os frutos correspondentes?

_____
_____
_____
_____
_____
_____
_____

Você tem como meta de vida começar ou aumentar as contribuições financeiras para a assistência aos necessitados?

7

Quem deve praticar tsedacá?

Até o momento foi visto que ajudar os necessitados é algo fundamental para todos, especialmente para aqueles que acreditam em Deus. Também foi abordado o quanto dos rendimentos se espera que seja destinado para esse fim e as consequências para quem efetivamente cumpre esse mandamento. Doravante, convém adentrar em detalhes de como praticar essa obrigação que, no começo, pode até ensejar um sentimento de peso, mas que, em pouco tempo, revela-se imensamente prazerosa, especialmente quando se consegue observar os resultados na vida das pessoas alcançadas.

Aliás, para ajudar aliviar um pouco o sentimento de pesar que alguns mais apegados aos bens materiais podem experimentar por terem compreendido que é obrigação ajudar generosamente os pobres, isto é, não apenas com esmolas ou quantias irrisórias (mas proporcionalmente aos rendimentos), vale registrar um comentário do rabino Eliezer Shemtov, em que apresenta uma maneira diferente de enxergar a tsedacá:

> Há quem veja a tsedacá como um imposto, ou como um ônus do qual tentam se safar com o mínimo possível. Mas eu sempre disse que há outra maneira de encará-la: Deus te dá 90% de comissão para administrar 10% de tsedacá...

> Até que eu mencionei isto a meu amigo Michel Cohen, que me disse estar errado com os números. É claro que aquele que fica com 90% de tudo daquilo que possui, na verdade recebe 900% daquilo que dá [...].[78]

Segundo essa ótica, deve-se considerar não o quanto se está "doando", mas o quanto se está recebendo de Deus.

Todos devem praticar

A resposta à pergunta sobre "quem deve praticar tsedacá?" poderia ser naturalmente resumida em uma palavra: todos! Fôssemos pessoas que simplesmente obedecêssemos às ordens de Deus, sem questionar, sem resistir, sem procrastinar, tal como o patriarca Abraão, seria tudo mais fácil. Porém, essa não é a realidade para a maioria e, por isso, é preciso detalhar a resposta.

O amparo aos necessitados não é um mandamento apenas para quem tem recursos financeiros sobrando. Pelo contrário, todos, dentro de suas possibilidades, devem obedecê-lo. Para Deus, a quantidade de dinheiro doada é, por si só, irrelevante. Prova disso é que aquela pequena oferta da viúva pobre foi considerada de imenso valor, porque demonstrava grande desprendimento em favor do Reino dos Céus. Na contabilidade de Deus, a quantia dada não é analisada de maneira isolada, mas tendo por base o coração do doador, como se lê a seguir:

> Cada pessoa, mesmo uma pobre que obtém o seu sustento da tsedacá, é obrigada a dar tsedacá de acordo com a sua capacidade. [...] Mesmo que ela só possa dar uma quantia pequena, ela não deve se deter, pois essa pequena quantia que ela dá equivale a uma grande quantia dada por um homem rico.[79]

Não ter recursos "sobrando" não pode ser motivo para deixar de prestar assistência aos pobres, pois é dever administrar bem aquilo que recebeu de Deus e nisso se inclui não viver no limite financeiro, tampouco acima dele, de acordo com esta orientação:

> Mas não somente o rico é obrigado a dar tsedacá. A lei aplica-se igualmente a todos, rico ou pobre. Mesmo um pedinte que vive de tsedacá deve também dar tsedacá. Até um jovem que recebe mesada de seu pai deve doar uma parte como tsedacá.[80]

Desorganização econômica significa desrespeito ao entendimento de que somos apenas mordomos dos bens materiais, e isso é muito ruim, principalmente se tiver como consequência a falta de ajuda ao próximo.

Ter margens na vida

O pastor Craig Hill, presidente da Family Foundations International, em Columbine, no Colorado (EUA), ao pregar acerca da necessidade de "margens" na vida, relatou um teste feito numa universidade americana com alguns alunos, em que foi colocada no caminho cotidiano deles uma pessoa em estado de necessidade evidente. Observou-se que apenas os estudantes com margem de tempo para se comprometer é que prestaram ajuda. O Bom Samaritano provavelmente também tinha em sua vida margem de tempo e de dinheiro.

Já no livro *Cinco segredos da riqueza que 96% das pessoas não sabem*, esse pastor usa como "pano de fundo" um pai que procura ensinar ao filho princípios financeiros bíblicos que apenas 4% da população praticam e que a faz ser próspera. Logo no começo do livro, o pai explica ao filho que é preciso separar os recursos de sua mesada semanal de 20,00 reais em potes, isto é, compartimentos, e os valores destinados a cada um não podem ser utilizados para fins diferentes. O primeiro pote é o do dízimo, entregue à igreja para a propagação da palavra e da obra de Deus. O segundo pote é o das "ofertas", destinadas aos necessitados. O terceiro, das "economias", que seriam reservas para uma eventual necessidade futura. O quarto, dos "investimentos", para a aquisição daquilo que possa gerar mais recursos; e o quinto, dos "gastos", para custear as despesas gerais. Nos quatro primeiros potes o pai ensinou o filho a colocar 10%, ou seja, uma nota de dois reais no caso daquele jovem, e para o quinto pote, a destinar o restante do dinheiro. Nesse livro, o que interessa especificamente é o segundo pote, acerca do qual aquele pai explicou:

> Nós sempre gostamos de ter dinheiro disponível para dá-
> -lo a pessoas que necessitam de misericórdia, que viveram
> uma tragédia ou foram vítimas de algum desastre. Deus
> ama as pessoas, e nós queremos ter algum dinheiro dis-
> ponível para ajudar os necessitados.[81]

Tudo isso comunga perfeitamente com a informação que há no livro *O milionário mora ao lado*, resultado do trabalho dos professores Thomas J. Stanley e William D. Danko, que pesquisaram durante vinte anos os hábitos e segredos dos americanos ricos. Uma das primeiras características apontadas é: "Eles vivem muito abaixo dos seus meios".[82] Ou seja, geralmente não se enriquece gastando mais ou tudo que ganha. Quando se aprende a controlar o impulso consumista com o intuito de ter margens para caridade, coloca-se em condições de também fazer investimentos que resultarão em prosperidade. Isso se transforma em um círculo virtuoso:

É preciso ressaltar que não se trata de condicionar o agir divino à necessidade de qualquer modelo mental ou padrão de conduta. Na época de John Wesley, era a filosofia que permeava as pregações e impedia o povo de ter a fé focada unicamente no poder de Deus. Nos tempos atuais, esse terrível papel está nas mãos da psicologia. Então que o Senhor impeça de fomentar essa perniciosa realidade. Assim, a palavra de Deus, ao garantir que haverá bênçãos, dispensa qualquer lógica ou psicologia. Aliás, não haver explicação racional para a prosperidade é um fator positivo, porque, desse modo, ela estará firmada unicamente na crença de que adveio Dele.

Entretanto, o Pai também utiliza os meios naturais para agir, mesmo porque tudo no Universo é regido por princípios que Ele mesmo estabeleceu. Isso é coerente com a pregação do pastor Craig Hill: para uma pessoa praticar tsedacá, ela precisará ter "margens", vivendo abaixo de suas capacidades financeiras e, para isso, ela deverá, no mínimo, ser boa administradora daquilo que lhe foi confiado. Ser boa administradora aumenta as chances de prosperar.

Em cenários de dificuldade, continue a tsedacá

Como visto até aqui, todos precisam praticar tsedacá e, para tanto, é recomendável administrar os recursos de modo a ter margens financeiras, vivendo abaixo das condições econômicas que possui.

Mas, e quando há momentos de recessão econômica? Acerca disso, a sabedoria judaica ensina que as pessoas que estão percebendo sinais de dificuldades financeiras ou observando a diminuição de seus recursos, ao contrário de restringir as ofertas de tsedacá, devem continuar a fazê-las. Isso agrada a Deus por demonstrar que a confiança não está no dinheiro ou nas circunstâncias externas, mas Nele:

> Um conselho impressionante. Aquele que observa os seus recursos diminuírem precisa utilizá-lo para dar tsedacá, demonstrando, assim, que não deposita a sua confiança em seu dinheiro, mas somente no Santo, Bendito seja. E tal mérito atrairá bênção, e ele terá sucesso em tudo o que fizer.[83]

Em uma de suas palestras,[84] o rabino Weitman conta que deixar de dar tsedacá quando aparecem dificuldades econômicas é semelhante a beber água do mar no momento da sede: inicialmente pode até parecer uma boa ideia, mas logo a situação estará pior do que antes. Compara também com o ato de apagar fogo com palha: no primeiro instante parece resolver, mas se nota logo que foi uma péssima decisão.

Entregar tsedacá é um presente de Deus para os homens

Em outra perspectiva, a prática de entregar tsedacá não deve ser vista como um fardo, mas como um presente de Deus para o homem, uma oportunidade para agir com os pobres da maneira como quer ser tratado por Ele, ou seja, com bênçãos generosas: "Foi ensinado que quando o Santo Único, Bendito Seja, ama um homem, Ele lhe envia um presente na forma de um pobre, para que o amado possa realizar uma boa ação".[85] Jesus afirmou que mais bem-aventurado é dar do que receber (At 20:35, KJA).

Ricos e pobres, todos devem praticar

No Novo Testamento, não há qualquer referência que sustente que apenas quem tem recursos financeiros em abundância ou sobrando deve dar assistência aos necessitados. Pelo contrário, ainda que aos abastados o apóstolo Paulo tenha dito que devem ser igualmente ricos em atos de caridade (1 Tm 6:17-19), ou seja, na proporção daquilo que Deus lhes confiou; contudo, até mesmo das viúvas são exigidas boas obras, mas tudo deve ser na proporção do que se tem, como se lê em 1 Timóteo 5:9-10 (AA):

> Não seja inscrita como viúva nenhuma que tenha menos de sessenta anos, e só a que tenha sido mulher de um só marido, aprovada com **testemunho de boas obras**, se criou filhos, se exercitou hospitalidade, se lavou os pés aos santos, se socorreu os atribulados, se praticou toda sorte de boas obras. (destaque meu)

George Whitefield, evangelista do século XVIII, em seu sermão "O grande dever da caridade", após se dirigir aos ricos e aos religiosos, também exorta os pobres a se ajudarem:

> Exorto-vos a vós, que sois pobres, a serdes caridosos uns para com os outros. E se Deus incitar alguém para aliviar-vos,

não façais mau uso do que sua providência, através das mãos de alguns cristãos, tem vos concedido: sede sempre humildes e esperai no Senhor; não murmureis nem vos queixei, se virdes alguém sendo atendido e não vós, continuai esperando no Senhor, e ajudai uns aos outros, segundo vossas possibilidades, de tempos em tempos.[86]

Vale aqui um relato. Na igreja na qual congrego, há uma viúva chamada Maria.[87] Pouco tempo depois de casada, com dois filhos pequenos, ela perdeu o marido. Criou os filhos e, após alguns anos, sua filha, enquanto cursava a faculdade de arquitetura, faleceu. Restou-lhe o filho. No entanto, passados mais alguns anos, ele foi vítima de violência ao roubarem sua motocicleta e também morreu. A irmã Maria ficou só. Hoje ela tem 75 anos, vive da renda do benefício de prestação continuada da Loas (Lei Orgânica da Assistência Social) e recebe ajuda da igreja para gastos com alimentação, aluguel e medicamentos. Para se alimentar, compra uma refeição pronta, consumindo metade no almoço e o restante no jantar. Em que pesem essas dificuldades, ela pratica boas obras e, quando um pedinte lhe bate à porta, não recusa dar-lhe o que sobrou do almoço, apesar de saber que, com isso, não jantará.

Portanto, todos devem praticar a tsedacá: quem tem recursos sobrando; os que não possuem tantas condições; e até mesmo aqueles que percebem dificuldades financeiras pelo caminho. O ideal é aprender a viver com modéstia e ter margens para cumprir esse mandamento, mas mesmo que essa ainda não seja uma realidade, a assistência aos necessitados precisa ser cumprida porque é uma obrigação estabelecida por Deus.

Para refletir

Você vive abaixo, no limite ou acima de suas condições econômicas?

_____
_____
_____
_____
_____
_____
_____
_____
_____
_____
_____

Você possui reserva financeira para eventualmente ajudar alguém que te peça ajuda?

_____
_____
_____
_____
_____
_____
_____
_____
_____
_____
_____

Você acredita que prestar assistência financeira aos necessitados é apenas para os que possuem abundância de recursos ou é para todos?

8

Quem pode receber tsedacá?

Se possível, ajude a todos

Se Jesus estivesse à sua frente e você buscasse orientação sobre quem pode receber tsedacá, talvez indagaria dessa forma: "Senhor, a quem devo dar? A quem devo emprestar? A quem devo ajudar?". Então, a resposta Dele seria: "Dá a quem te pedir, e não te desvies daquele que quiser que lhe emprestes" (Mt 5:42), ou seja, ajude sempre.

Entretanto, provavelmente não é possível dar e emprestar dinheiro a todos que pedem, sem qualquer critério, porque as carências são muitas, e os recursos acabam sendo insuficientes para atender a todas as necessidades; e infelizmente são poucas as pessoas que, tendo por base suas rendas, de fato ajudam com algo além de sobras ou de quantias irrisórias. Por isso, alguns parâmetros são justificáveis para evitar a injustiça de ajudar demasiadamente determinada pessoa e, consequentemente, deixar de atender outra que precisa muito daquilo que é mais básico, como alimentos, roupas, agasalhos ou medicamentos. Em outras palavras, deve-se cuidar em evitar que, devido à falta de sabedoria ou a sentimento de preferência, alguém que já saiu da condição de "necessitado" acabe usufruindo de um recurso que deveria ser destinado a quem está com maiores necessidades no momento.

Em sintonia com isso é que nos primórdios do cristianismo o apóstolo Paulo estabeleceu alguns requisitos para que as viúvas da época pudessem ser inscritas naquilo que hoje se poderia considerar a "ação social" da igreja. Ele justifica na necessidade de a igreja não ser sobrecarregada a ponto de não ter como sustentar as que "deveras são viúvas". Isso mostra que, diante da limitação dos recursos, é pertinente fixar diretrizes para evitar que se deixe de atender os verdadeiros necessitados por má distribuição do dinheiro disponível.

Cuidado ao estabelecer critérios

Contudo, diante de um cenário de recursos limitados, antes de estabelecer critérios sobre quem receberá ajuda, é importante ter sempre o cuidado para não transmitir uma mensagem de falta de amor ao próximo e, assim, causar danos não só a quem pede, mas inclusive a quem deveria estender a mão. O principal alerta é: não seja rigoroso, criterioso ou exigente; lembre-se de que Deus usará com você o mesmo padrão que você utilizar com quem lhe pedir auxílio. Em outras palavras, é você quem forjará a medida que o Senhor usará para retribuir suas atitudes. Os rabinos ensinam:

> **No céu, o comportamento com as pessoas é "medida por medida".** Se alguém for escrupuloso e exigente, somente dando tsedacá a indivíduos que mereçam, o Céu apenas lhe concederá Suas bênçãos caso ele as mereça.[88] (destaque meu)

Portanto, endurecer o coração com demasiadas exigências para que alguém se enquadre no conceito de "carente" é absolutamente contrário ao que ensina a Bíblia, visto que ela orienta a agir com liberalidade. Dureza de coração e generosidade são atitudes inconciliáveis. O salmista disse: "Oh, não volte envergonhado o oprimido; louvem o teu nome o aflito e o necessitado" (Sl 74:21, ACF). Quando o aflito volta envergonhado? Quando ele pede, mas acaba ouvindo um "não". E quando seu nome é louvado? Quando ele ouve um "sim". Portanto, cuidado ao julgar se determinada pessoa está verdadeiramente precisando ou não de ajuda. Se errar, você será o maior prejudicado por conta da rigorosa medida que estabeleceu e que será usada em seu desfavor, como se lê a seguir:

> Quando nós não julgamos a pessoa pobre, Hashem também não nos julga. Aquele que dá ao pobre sem se preocupar se este é, ou não, um pecador, recebe fartura do céu, sem que seja averiguado se ele merece tal fartura (Brit Olam al Sefer Chassadim le Ha Chida, Chessed le Avraham).
>
> E quando o indivíduo precisa de algum tipo de salvação, mas não possui méritos, do céu enviam a ele uma pessoa pobre que também não possui mérito algum, de forma que, por meio da ajuda que dará a ela, tal indivíduo também seja auxiliado do céu (extraído de Tsemach David).[89]

Desse modo, se é para existir algum critério para decidir quem receberá ajuda, nunca pode ser se a pessoa é santa ou pecadora — mesmo porque já foi visto que se Deus usar esse critério conosco, jamais receberemos algo Dele — mas apenas, e com cuidado, se está realmente precisando.

Até mesmo os enganadores são úteis

Justificar requisitos restritivos, sob a alegação de que existem enganadores que pedem ajuda indevidamente, é algo perigoso, pois até mesmo aqueles que ludibriam podem ser usados divinamente. Precisamos entender a realidade de que nem sempre prestamos o auxílio que é devido, seja por dureza do coração, ou por não ter administrado corretamente aquilo que Deus concedeu; dessa maneira deixamos de ser socorro naquele momento. Por isso, alguns embustes são convenientes, porque se todos fossem realmente necessitados e houvesse falha na ajuda, isso seria considerado grave falta com Deus, como explica Rabi Abahu:

> Nós devemos agradecer aos impostores, já que se não fosse pelos impostores entre os pobres, se qualquer um destes implorasse a uma pessoa e esta recusasse a ajudá-lo, tal pessoa incorreria imediatamente na pena de morte, pois está escrito "e ele clama a Hashem contra você, e será pecado".[90]

Concluímos que, dentro das possibilidades, devemos sempre ajudar a todos; nunca ser muito rigoroso ao escolher quem pode receber assistência; nunca ter como parâmetro o comportamento santo ou pecador da pessoa que solicita socorro; não deixar de ajudar porque desconfie que seja um impostor; na dúvida, ajude.

Existem, porém, inúmeras situações, às vezes, bastante específicas como, por exemplo, aquela na qual quem tem condições financeiras de ajudar não recebe pedidos de auxílio, seja porque reside e trabalha em locais inacessíveis ou mesmo por receio, vergonha ou qualquer outro motivo por parte de quem está precisando. Em casos como esses, o potencial doador tem ampla liberdade de escolher para onde (entidade, associação, igreja, ONG) destinar os recursos que separou para as obras de assistência.[91] O que jamais haverá liberdade para fazer é se apropriar e utilizar dos recursos de ajuda para benefício próprio.

Algumas prioridades

O judaísmo indica uma ordem que ajuda a estabelecer prioridades entre as pessoas que devem receber tsedacá. É importante, contudo, ressaltar que essa lista deve ser relativizada quando houver necessidades mais urgentes do que outras. Por exemplo: algum parente distante estaria longe na ordem de preferência, mas se ele precisa de alimentos, roupas, agasalhos ou remédios, deve ser socorrido prioritariamente, já que se trata de preservar a vida e a dignidade humana. Assim, transcreve-se a ordem conforme indicada na obra *As Leis de Tsedacá e Maasser*, do rabino Shimon Taub:

1. próprio doador;
2. esposa e filhos pequenos;
3. rabino que ensinou sem cobrar pagamento;
4. pais;
5. avós;
6. filhos adultos;
7. rabino que ensinou e foi pago;
8. netos;
9. irmãos e irmãs;
10. tios e tias do lado paterno;
11. tios e tias do lado materno;
12. primos do lado paterno;
13. primos do lado materno;
14. demais parentes;
15. esposa divorciada;
16. amigos íntimos;
17. vizinhos;
18. pessoas da mesma cidade;
19. pessoas que moram em Jerusalém;

20   pessoas que moram nas demais cidades de Érets Ysrael; e

21   pessoas que moram em outras cidades de Érets Ysrael.[92]

Importante perceber que a prioridade é a própria sobrevivência e a do próprio núcleo familiar; logo em seguida, a dos parentes mais próximos e até dos mais remotos, seguidos pelas pessoas que fazem parte do círculo mais íntimo até os mais distantes.

Aqui vale mais uma relevante ressalva. Com a parábola do Bom Samaritano, Jesus atacou essas regras ao revelar que a misericórdia deve ser praticada universalmente, simplesmente porque todos fomos feitos à imagem e semelhança do Pai. O apóstolo Paulo orienta que "façamos o bem a todos" (Gl 6:10, KJA). Entretanto, como a limitação de recursos financeiros e de tempo infelizmente é uma realidade, porque poucos são os que verdadeiramente colaboram com algo que vai além de migalhas, então é conveniente socorrer preferencialmente em primeiro lugar os mais próximos até chegar aos mais distantes. Mas "preferencialmente" é bem diferente de "exclusivamente", motivo pelo qual a assistência também deve ser praticada em favor de qualquer um que esteja verdadeiramente precisando, independente de vínculos de sangue, de fé ou de relacionamento.

Por exemplo, sendo o recurso suficiente apenas para doar uma cesta básica, se houver um familiar ou então alguém próximo passando necessidade alimentar, deve-se primeiramente ajudá-lo. Não ocorrendo uma situação dessa, então se abre a possibilidade de auxiliar quaisquer outras pessoas, desde que haja verdadeira necessidade.

Outro cuidado que se deve ter é com relação ao quanto ajudar determinada pessoa. Quando se fala em garantir a "sobrevivência", trata-se de prover aquilo que é necessário para a preservação da vida, tais como alimentos, tratamento médico e roupas. Mas isso deve ser interpretado restritivamente, para evitar usar os recursos com algo que ultrapasse o indispensável e, com isso, deixar de ajudar outros que poderiam estar com necessidade mais básica. Por exemplo, é um erro proporcionar a alguns sofisticada alimentação, roupas ou tratamento de saúde, enquanto outros carecem daquilo que é mais básico. Talvez um bom critério seja considerar que, no aspecto da alimentação, o que ultrapassa uma boa cesta-básica é supérfluo. Quanto a roupas, deve-se proporcionar o necessário para evitar o frio e a falta de dignidade. Por tratamento de saúde, deve-se garantir os medicamentos, tratamentos cirúrgicos e ambulatoriais indispensáveis e não disponibilizados pelo Sistema Único de Saúde (SUS), no caso do Brasil, ou no máximo um plano de saúde simples.

Entretanto, caso alguém queira proporcionar ao familiar mais do que o realmente necessário, é evidente que pode fazê-lo e, se tiver condições, é louvável que o faça. Contudo, o excesso não será considerado tsedacá, devendo, portanto, fazer contribuições aos mais pobres. Deve-se entender que aquele recurso pertence a Deus e que Ele tem um compromisso com os marginalizados da sociedade, não podendo a pessoa privilegiar os que não se encontram na condição de pobreza, ou ajudá-los com mais do que é necessário, enquanto outros padecem de alimentos. Deve-se agir como o bom administrador e fazer aquilo que está na vontade do Pai e não na própria.

Aprofundando no ensinamento transmitido com a parábola do Bom Samaritano, perto do viajante machucado passaram um sacerdote e um levita. Ambos provavelmente guardavam os mandamentos da Lei Judaica, dentre eles a tsedacá. Então, por que não ajudaram aquele que estava machucado? Segundo a lista mencionada, aquele viajante estava em um dos últimos lugares na escala de prioridades e, por isso, os religiosos provavelmente se sentiram liberados da obrigação de socorrê-lo. Foram atitudes semelhantes a essa, de seguir "religiosamente" regras humanas, que levaram Jesus a ser enfático em atacar a conduta dos fariseus de se apegarem a formalismos e deixar de exercer a misericórdia e o amor ao próximo.

Vamos a um exemplo pessoal. Fui ministrado acerca dessa parábola de maneira inusitada. Senti a direção de Deus em ofertar determinado bem, uma motocicleta, e comecei a pedir orientação acerca de quem deveria recebê-la. Na época, chegou ao meu conhecimento a dificuldade que um pastor estava encontrando em seu trabalho missionário no sertão nordestino. Seu veículo estava sempre apresentando problemas e dificultando o trabalho de levar suprimentos, materiais e pessoas para aquela região assolada pela seca e pela fome. Senti que aquele era o destino da oferta, porque proporcionaria recursos para um veículo mais resistente e apropriado. Entretanto, como ainda não havia recebido a revelação sobre a parábola do Bom Samaritano, demorei algumas semanas até entregar a moto, porque pensava "tem muita gente precisando na minha cidade, há tanta necessidade aqui, não posso enviar para tão longe. Os irmãos de lá é que devem ajudá-lo, as regras da tsedacá são claras nesse sentido". Por outro lado, não me sentia à vontade para destiná-la a qualquer outra pessoa. Assim, esperei.

Naqueles dias, estava levando meus filhos à escola e, no aparelho de DVD do carro, era exibido um vídeo do personagem infantil "Midinho, o pequeno missionário" contando sobre o Bom Samaritano. Foi então que a "ficha caiu". Entendi que estava repetindo a atitude daqueles religiosos, ainda que estivesse bem-intencionado. Assim, logo entreguei a oferta àquele trabalho missionário e assistencial, com a certeza de que aquela era a vontade de Deus. Sei que, com isso, Ele quis me libertar dessas regras e dar-me o entendimento para hoje compartilhá-lo e usá-lo como alerta quanto às "listas de prioridades", a fim de evitar toda frieza e legalismo.

Para refletir

Você já deixou de ajudar alguém porque considerou que a pessoa não merecia ajuda, por qualquer que seja o motivo? (Era alcoólatra, usuária de drogas, devassa, preguiçosa etc.) E, atualmente, você faria diferente?

_____

_____

_____

_____

_____

_____

_____

_____

_____

_____

_____

Você já deixou de ajudar alguém por desconfiar que ela estaria mentindo? E, atualmente, você faria diferente?

_____

_____

_____

_____

_____

_____

_____

_____

_____

_____

_____

9

Como entregar a tsedacá?

Não envergonhe o oprimido

O princípio que rege a forma de dar tsedacá é "não envergonhar o pobre", pois se pressupõe que ele já está sendo afligido pelo próprio estado de necessidade e não se deve aumentar ainda mais seu sofrimento. O fundamento está em Provérbios 14:31 (ACF), que ensina: "O que oprime o pobre insulta Aquele que o criou, mas o que se compadece do necessitado O honra". Por isso, sempre antes de ajudar alguém que está passando por intensas necessidades, deve-se refletir acerca de qual a maneira de fazê-lo sem causar-lhe constrangimentos.

O cuidado para não causar constrangimento é tão importante que, na doutrina judaica, relata-se que alguns grandes sábios do Talmude "embalavam moedas em um lençol e as carregavam nos seus ombros, para que os pobres fossem até eles e as pegassem, de forma que não ficassem envergonhados".[93]

Honre até os mais carentes, todos são feitos à semelhança de Deus

Porém, mais do que ajudar sem constrangimento, melhor ainda será se conseguir honrar a pessoa ajudada. Em primeiro lugar por sua própria condição de ser a imagem e semelhança do Criador, mas também por aquilo que está revelado no Salmo 109:31 (KJA), de que Deus está ao lado direito do pobre: "Ele se põe à direita do pobre, para salvá-lo daqueles que o caluniam".

Faça-o louvar o teu nome

Como já visto, o Salmo 74:21 (ARC) recomenda: "Oh, não volte envergonhado o oprimido; louvem o teu nome o aflito e o necessitado". E em qual situação o oprimido voltará envergonhado? Quando pedir ajuda e não a receber, ou quando a receber, mas o doador agir de maneira que ele se sinta ainda mais diminuído. Por isso, o recomendado é, além de ajudar, dizer "muito obrigado" por ter aceitado a ajuda.[94] Mesmo porque, ao entregar a tsedacá, o maior beneficiado não é quem recebe, mas quem entrega.

> É proibido reprovar severamente ou levantar a voz para uma pessoa carente, pois o seu coração está partido e humilhado; eis que [Sl 51:19] declara: "Um coração partido e humilhado, Deus não desprezará". Ai daquele que envergonha os pobres! Ao contrário, devemos ser como pais para eles, demonstrando-lhes compaixão e falando-lhes, conforme [Jó 29:16] explica: "Eu sou um pai para o destituído".[95]

Algumas orientações pertinentes

No judaísmo há todo um detalhamento com as regras de como entregar tsedacá, e os ensinamentos do filósofo judaico Maimônides são referência nesse assunto:

O Rambam, Maimônides (1135-204), um dos grandes codificadores da Lei Judaica, estabeleceu uma hierarquia de oito pontos para esta mitsvá:

1. Dar um presente, emprestar dinheiro, aceitar como sócio ou arrumar trabalho para alguém, antes que ele precise pedir caridade;
2. Fazer caridade com um pobre, onde ambos, o doador e o destinatário, não sabem a identidade um do outro;
3. O doador sabe quem é o destinatário, mas este não sabe quem é o doador;
4. O destinatário sabe quem é o doador, mas este não sabe para quem está doando;
5. O doador faz a caridade antes mesmo de lhe ser pedida;
6. O doador dá algo a um pobre depois de lhe ser pedido;
7. O doador dá menos do que deveria, mas o faz de uma maneira agradável e reconfortante;
8. O doador faz a caridade com avareza (ele sente incômodo neste ato, mas não o demonstra).

Consta no Shulchán Aruch (O Código de Leis Judaico) (Yore Dea 249:3) que, se a pessoa visivelmente demonstra desprezo, ela perde o mérito desta mitsvá.[96]

A listagem é feita na ordem de importância. Como se observa, a melhor maneira de ajudar é fazendo algo que tire a pessoa do estado de pobreza ou até que evite de chegar nessa condição; assim, é louvável a concessão de empréstimo, a admissão como sócio em algum empreendimento ou a oferta de um emprego. Ou seja, qualquer coisa que proporcione à pessoa tornar-se autossuficiente, cumprindo o mandamento divino: "Tu o fortalecerás". Se tiver sucesso nesse propósito, conseguirá tirar o necessitado da pobreza ou mesmo nem deixará que ele entre nessa situação. Esta é a orientação judaica, como se pode observar:

> Disse também Rabi Abba, em nome de Rabi Shimon ben Lakish: "Aquele que empresta [dinheiro] é maior do que aquele que faz tsedacá (Rashi: porque o pobre não fica envergonhado de tomar emprestado. Também talvez porque a pessoa geralmente empresta uma soma maior do que daria para a tsedacá, e isso deve bastar para tornar o pobre independente) e aquele que faz uma sociedade (com um homem pobre, fornecendo-lhe o capital para que ele comercie, segundo as condições estabelecidas. Literalmente, 'aquele que coloca — dinheiro — em uma bolsa — comum') é o maior de todos" (Shabat 63a).[97]

No livro *A arte de ser (mais) gente*, o rabino Weitman discorre sobre essa forma mais elevada de praticar tsedacá:

> "Reforçar" significa auxiliá-la de maneira que não caia e precise viver de esmola. Isto pode ser feito através de um empréstimo (sem juros), da formação de uma sociedade, ou por meio de um emprego, por exemplo. Em outras palavras, é preciso ensinar a pescar e oferecer a vara, ao invés de dar o peixe. Este é o nível mais elevado que existe.[98]

Há, ainda, outras recomendações interessantes, extraídas do livro do rabino Shimon Taub:[99]

1   Dar com um sorriso — não demonstre desapontamento;
2   Dar do melhor e de coração;

3   Dar com a mão direita;

4   Dar em pé;

5   Não dar publicamente, para evitar constrangimento a quem recebe;

6   O homem não pode dar para uma mulher em particular, para evitar suspeitas de relações ilícitas;

7   Não se vangloriar; e

8   Somente tornar público se for para encorajar outros a imitá-lo e fazer o mesmo.

Portanto, preste atenção à verdadeira necessidade e, ao ajudar, faça com discernimento, boa vontade e felicidade.

Atenção quanto ao local da entrega de ajuda

Sobre os cuidados de não fazer a doação publicamente e de não a entregar a uma mulher em local privado, a explicação é que, no primeiro caso, quem recebe se sentirá envergonhado; no segundo, poderão ser levantadas suspeitas sobre o relacionamento com aquela mulher e então poderá haver acusação de indução ao pecado de julgamento.

> "Pois Deus julgará cada ato — mesmo o oculto —, quer bom, quer mau" (Ec 12:14). Essa passagem é assim interpretada: ela se refere a uma pessoa que deu tsedacá a um homem pobre em público, para que todos vissem. Embora ela tenha feito uma boa ação, ela terá de prestar contas no mundo vindouro por ter envergonhado o receptor. O versículo também se refere a um indivíduo que deu tsedacá a uma mulher em sigilo, atrás de portas cerradas. Ele será repreendido por ter se exposto à desconfiança e ter

comprometido a sua reputação. Além do mais, ele induziu ao erro aqueles que dele desconfiaram [sem justificativa], fazendo com que fossem punidos, porque o Talmud diz: "Aquele que suspeita do inocente sofrerá por isso em seu próprio corpo". Além disso, outras pessoas não acatarão as suas reprimendas, dizendo: "Você fez o que fez, e agora nos censura?".[100]

Ou seja, não se trata de sempre proibir de entregar em público ou num ambiente privado, deve-se atentar para a melhor forma de fazê-lo.

Incentive o empreendedorismo

Uma forma muito apropriada de dar tsedacá é comprar algo que o necessitado esteja vendendo, ainda que com preço acima do usual, pois o objetivo é ajudá-lo, mesmo que você não precise daquela mercadoria. Agindo assim, ele se sentirá capaz e incentivado a continuar se esforçando. Reflita sobre isto:

> Há uma forma de dar que não aparenta ser tsedacá. Mesmo assim, ela sempre se mostra sublime aos olhos de Deus. Suponha que um homem pobre esteja vendendo algum produto ou livro que ninguém queira comprar e que essa pessoa compre tal mercadoria. Ou então, que o pobre esteja procurando emprego, sem que ninguém queira empregá-lo, e que essa pessoa lhe dê trabalho. Não há forma mais elevada de tsedacá.[101]

Em muitas regiões, essa é uma maneira muito fácil de praticar a ajuda aos necessitados, pois em quase todo semáforo ou estacionamento há pessoas vendendo produtos. Talvez seja inviável comprar tudo, mas é louvável separar um pouco de dinheiro para periodicamente fazer essas aquisições. Quanto a isso, há uma observação importante: se comprar algo que realmente esteja precisando, deixa de ser tsedacá, pois já se beneficiou da compra, não se tratando de um ato motivado unicamente pela intenção de ajudar.

Não os afaste do convívio

No Evangelho de Lucas (14:12-14), Jesus abordou uma curiosa maneira de dar atenção aos pobres. Quando oferecer um banquete, não se deve convidar apenas pessoas que possam de alguma maneira recompensar, mas é necessário se lembrar também das pessoas que padecem, que não têm como retribuir, então Deus o fará. No judaísmo, também há essa mesma orientação e a explicação é a seguinte:

> Ora, nos foi ensinado que sempre que um banquete é oferecido, o acusador (o satan) verifica se antes o anfitrião deu tsedacá e convidou as pessoas pobres para a sua casa. Se aquele constata que isso foi feito, ele parte sem entrar na casa. Do contrário, porém, ele entra na casa, avalia a festividade, e tendo em mente que tsedacá não foi enviada aos pobres, nem qualquer um deles foi convidado para o festim, ele ascende levando acusações contra o tal anfitrião.[102]

Uma forma de amenizar a condição de quem estiver em falta com essa situação é contribuir generosamente quando há pessoas organizando para fazer almoços, lanches, dias de recreação e outros eventos semelhantes em comunidades carentes, o que é muito comum em datas como Dia das Crianças, Páscoa, Natal etc. É uma forma de proporcionar às pessoas carentes pelo menos um pouquinho do conforto do qual se desfruta.

Repita a bondade o máximo possível de vezes

Outra orientação quanto ao cumprimento do dever de ajudar os pobres é a de se organizar para fazer o máximo de vezes possível. Esse aspecto tem mais relevância para o próprio doador do que para quem está recebendo a assistência, pois como a prática da tsedacá tem como um dos efeitos libertar a pessoa da avareza e formar nela um espírito de generosidade, quanto mais vezes for repetida, melhor. Para tanto, é necessário organizar os recursos a fim de exercitar a generosidade o máximo de vezes que conseguir, a fim de que esteja continuamente se obrigando a se desprender dos bens materiais, renovando em cada ato a aliança e o compromisso com Deus. Tal como no jejum, o ideal é a disciplina. Assim, quanto mais vezes exercer a generosidade, mais se tornará generoso. O rabino Weitman destaca que "quanto mais vezes a pessoa repete o bom ato, mais fortemente gravará dentro de si o espírito da tsedacá".[103]

Portanto, o mandamento de assistência aos pobres e aos necessitados deve ser cumprido tendo por princípio evitar o constrangimento, pois ele aumenta o sofrimento pelo qual já estão passando. Deve-se ter, também, o cuidado de administrar adequadamente os recursos, a fim de alcançar o máximo de pessoas que se encontrem nessa condição.

Para refletir

Você já agiu com superioridade ou tratou com desprezo algum morador de rua ou um pedinte? Atualmente você compreende que mesmo a pessoa em estado mais deplorável de miséria é feita à semelhança de Deus?

Quando encontra pessoas vendendo produtos em semáforos, você ajuda? Com qual frequência: nunca, raramente ou frequentemente? Mesmo quando não compra, você a trata com gentileza?

10

Das contribuições para trabalhos sociais

Escolha livremente onde e como quer ajudar, mas ajude

Até o momento, foram abordados os casos de ajudas feitas no plano individual, ou seja, diretamente a quem está padecendo; porém, uma maneira igualmente excelente é contribuir com trabalhos sociais, sejam eles realizados por instituições de caridade ou por ministérios de ação social de igrejas. Os judeus organizam o que eles chamam de "fundos de tsedacá". Considere esta orientação:

> Deve a congregação dizimar para os pobres como fazia a Igreja Universal, separando 3,3% de sua renda além dos dízimos que destina ao sustento da congregação e do ministério? E em caso efetivo, deve esse dinheiro ser regido pela tesouraria da chavurah (grupo de estudo), da kehilah (igreja), da Beit (a Sinagoga) ou cada um deve gerir sua própria forma de fazer caridade?
>
> Acredito que, caso uma organização decida, ambos os caminhos podem ser válidos. Se uma congregação dispuser de uma instituição de caridade, de apoio a moradores de rua, de recuperação de viciados em drogas, de auxílio a crianças desamparadas, apoio a missões estrangeiras

em países pobres etc., ela pode decidir em assembleia que os membros acrescentem essas ofertas e que elas sejam geridas por uma comissão por ela nomeada. Mas esta não é uma obrigação. O membro também pode, como o judaísmo rabínico sugere, escolher qual família pobre ou que criança da própria congregação ele vai ajudar com os estudos ou coisa parecida. Naturalmente não vale escolher o próprio filho, pois um investimento em nossos filhos é, em última análise, um investimento em nós mesmos.[104]

Dessa forma, cada pessoa tem a liberdade de determinar a maneira como ajudará, se diretamente a quem precisa, se por meio de uma entidade social ou se de ambos os modos. Só o que não vale é deixar de contribuir.

Antes, porém, veja se há alguém próximo padecendo

Uma advertência inicial é necessária. Conforme visto no capítulo anterior, é recomendado que o auxílio seja feito primeiro para as pessoas mais próximas e só depois aos fundos destinados às boas obras. Do contrário, estará aumentando o sofrimento ao saberem que auxilia os que estão distantes em detrimento delas, que às vezes precisam igualmente ou até mais. Sobre isso, o apóstolo Paulo disse: "se alguém não tem cuidado dos seus, e principalmente dos da sua família, negou a fé, e é pior do que o infiel" (1 Tm 5:8, ACF). Na obra judaica do período medieval, *Sefer Chassidim*, há essa pertinente ilustração:

Quando ignoramos os nossos parentes pobres, dando a outras pessoas em vez de dar a eles, tal ato não se denomina "tsedacá".

> Um homem rico costumava doar dinheiro para o fundo de tsedacá da comunidade e pediu ao administrador do mesmo que o distribuísse entre os pobres. Ora, tal homem rico tinha um irmão pobre; na realidade, todos os seus parentes eram necessitados. O rabino disse ao homem: "O dinheiro que você distribuiu entre os pobres mediante o fundo de tsedacá não foi tsedacá. Pelo contrário, ele causou tze'akah, 'pranto', aos seus parentes. É bem melhor que você dê tal soma a seu irmão carente e aos seus parentes necessitados".[105]

Se esse não for o caso, isto é, não tiver pessoas padecendo necessidades básicas na família ou no convívio próximo e se a igreja onde congrega dedica pouca ou nenhuma atenção à assistência aos necessitados, então o ideal é destinar as contribuições a trabalhos sociais vinculados a outras igrejas ou mesmo para entidades filantrópicas, como, por exemplo, casas de acolhimento a crianças em situação de risco, casas de recuperação de dependentes químicos, de apoio a idosos ou moradores em situação de rua, cozinhas sociais etc.

Entretanto, convém ao leitor analisar o porquê de a igreja onde congrega não ter um ministério de ação social atuante. O comum é que seja justamente por falta de recursos, de modo que se os membros da comunidade passarem a destinar parte da renda para assistência aos necessitados, outras pessoas serão motivadas a se envolverem também, pois é prazeroso ajudar quem precisa. Para começar, não é necessário ter experiência ou grandes estratégias. Pode ser com a distribuição de cestas básicas aos próprios membros da igreja que se enquadrarem no perfil estabelecido pela direção do ministério. Ou então com auxílio às famílias carentes da região do entorno da igreja. Fazendo isso, as necessidades específicas da comunidade serão reveladas e poderão ser supridas.

Atente-se para que sua contribuição efetivamente chegue a quem precisa

Ao escolher para onde destinará as contribuições, considere o seguinte alerta: mesmo após dar tsedacá, permanece a obrigação de cuidar para que a oferta chegue às mãos daqueles que verdadeiramente precisam, do contrário, se isso não acontecer, ou seja, se houver desvio ou mesmo desperdícios de recursos, estarão perdidos todo o mérito que seriam recebidos e será como se não tivesse cumprido esse mandamento. É importante que se observe esta orientação:

> A pessoa não deve doar a um fundo de tsedacá a menos que saiba que aquele que o administra é confiável, sábio e capaz de dirigi-lo de forma apropriada.[106]

Certamente que é difícil ter certeza acerca da idoneidade dos envolvidos na gestão dos recursos e na organização das prioridades; contudo, alguns cuidados básicos podem ser tomados, tais como solicitar prestação de contas, tentar averiguar se há desperdício, observar o modo de vida dos envolvidos e quais são as fontes de renda deles. Enfim, importante é ser zeloso.

Os projetos sociais devem seguir critérios diferentes das ajudas feitas pessoalmente e de modo direto

A destinação dos recursos desses fundos segue uma ordem diferente daquela da doação direta, pois o líder não deve favorecer familiares ou amigos, salvo numa excepcional situação de verdadeira necessidade e, ainda assim, com bastante cuidado. O ideal é evitar.

O rabino Shimon Taub[107] indica que os pobres de sua cidade devem ter precedência aos de outra e que, entre aqueles que estão passando por dificuldades, a prioridade é para os grupos mais fragilizados, tais como órfãos, idosos, viúvas, deficientes e outros.

Caso o doador indique um objetivo específico para o dinheiro, não pode o administrador mudá-lo, ainda que haja outra carência maior. Porém, se a arrecadação ultrapassar a necessidade, há alguma divergência sobre o que é permitido fazer com o saldo. De qualquer forma, é razoável utilizar para causas que sejam semelhantes, conforme sustenta o citado rabino. Lembre-se de que essas são regras estabelecidas pelos homens (Mt 15:9) e que o principal objetivo é que o dinheiro seja usado para socorrer o necessitado.

Algumas situações desestimulam os efetivos e os potenciais doadores

Algo que pode desestimular as pessoas a contribuírem é a descontinuidade nos projetos. Muitas vezes, por falta de planejamento, ou mesmo por desorganização da liderança, projetos assistenciais são iniciados, mas não são levados adiante. Isso tem um peso muito negativo no coração daqueles que contribuíram ou que tinham a intenção de fazê-lo. Por exemplo, alguém que doou os tijolos ou o cimento para a construção de uma "cozinha social" dificilmente voltará a colaborar se souber que ela não foi concluída, seja por desorganização ou mesmo por falta de foco dos responsáveis, que já partiram para outra missão. Portanto, deve-se evitar o excesso de "novidades", procurando-se iniciar outro empreendimento apenas quando o anterior já estiver dando frutos, ou, pelo menos, caminhando nesse sentido, e o novo projeto não implicar em prejuízo para os que já estão em andamento.

Também é relevante ficar atento ao aumento das despesas administrativas. É desmotivador fazer uma doação para uma instituição e saber que boa parte do dinheiro será direcionada para custos operacionais e não chegará efetivamente às mãos (ou aos pratos) daqueles que precisam. Essa é uma realidade muito presente, especialmente quando as entidades filantrópicas se tornam maiores, pois se a eficiência gerencial é algo difícil para uma empresa privada, muito mais complexo é quando se trata dessas associações, às vezes até por culpa também do próprio Poder Público, que impõe exigências que ele mesmo não cumpre. Há um ditado interessante que diz: despesa é igual unha, precisa estar sempre cortando. Portanto, são necessários sabedoria e cuidado nesse aspecto. É por isso, inclusive, que existem entidades que preveem em seu próprio estatuto de criação que as despesas administrativas não podem superar determinado percentual de suas receitas, por exemplo, 20%.

Um líder íntegro e sábio é fundamental

Para que um projeto social funcione de maneira adequada, é bom haver um líder, alguém que organize os trabalhos e dê as diretrizes. Na escolha de quem ocupará esse cargo, deve-se atentar para sua reputação, pois refletirá diretamente na disposição das demais pessoas em contribuir. A doutrina judaica orienta: "O tesoureiro de um fundo de tsedacá deve estar acima de qualquer suspeita, e assim a Torá declara: 'Você estará limpo perante Deus e Israel' (Nm 32:22)".[108] Em outras palavras, o administrador dos recursos deve ser santo perante Deus e os homens. Para isso, é fundamental a periódica prestação detalhada das contas, para o esclarecimento acerca da utilização do dinheiro.

Como as possíveis situações práticas são inúmeras, é importante que o administrador dos fundos seja não apenas honesto e que tenha reputação irrepreensível perante a comunidade, mas também que seja sábio e possua capacidade administrativa e discernimento para que os recursos cheguem efetivamente a quem precisa. Esse líder precisa estar sempre atento ao que o rei Davi disse no Salmo 41: a bem-aventurança é dar "atenção" ao desvalido. Em algumas traduções se registra "atender ao pobre" e em outras "considerar". Ao comentar essa passagem bíblica, a sabedoria judaica reforça a importância do cuidado não apenas com a doação, mas também com sua eficácia:

> Feliz daquele que tem consideração pelo pobre; Hashem o salvará no dia do mal (Sl 41:2) [...].
>
> Rabi Yonah comentou: "No versículo em questão não está escrito 'Feliz daquele que dá ao pobre', mas 'Feliz daquele que tem consideração pelo pobre', que significa '**Analise com atenção como beneficiá-lo**'".[109] (destaque meu)

O rabi Israel Meir Kagan HaCohen, conhecido no meio judaico como Chafets Chaim (1838-1933), expoente do judaísmo europeu, comentou o seguinte sobre as formas de como ajudar um necessitado:

> Existem diversas maneiras de uma pessoa ajudar aos pobres. A principal coisa a fazer é estar atenta, de olhos abertos às necessidades dos outros, e assim, sem dúvida, a pessoa encontrará as maneiras de ajudá-los. Ao mesmo tempo, a própria pessoa nada terá a perder, pois estará recebendo, em retribuição, as bênçãos de Hashem.[110]

Enfim, não basta dar o dinheiro, é necessário avaliar as necessidades e a melhor forma de ajudar, a fim de cumprir a mais meritória das formas de tsedacá: "fortalecer a mão" do pobre, tornando-o autossuficiente. Isso passa, em primeiro lugar, pelo que é básico para a preservação da vida e da dignidade, como alimentos, roupas, agasalhos, cuidados com a saúde, moradia, mas inclui também o reforço escolar, o aperfeiçoamento e a reciclagem profissional. À medida que as carências mais básicas são atendidas, é salutar avançar para outras. Na tarefa de organizar e executar os trabalhos, um líder sábio e honesto é de grande importância.

Para refletir

Você prefere ajudar diretamente uma pessoa carente ou
destinar seus recursos para entidades de assistência social?
Por quê?

_____
_____
_____
_____
_____
_____
_____
_____
_____
_____

Quando destina recursos para essas entidades,
de alguma maneira você acompanha se chegam aos
efetivos destinatários?

_____
_____
_____
_____
_____
_____
_____
_____
_____
_____

Você já deixou de colaborar com algum projeto social por ter dúvidas acerca da administração do dinheiro (desvio, desperdício etc.)?

Você já cogitou participar de alguma entidade de assistência social para contribuir com recursos, ideias, projetos ou mesmo no conselho fiscal?

11

Passagens bíblicas

Perto do final deste livro, foram reunidas passagens bíblicas que demonstram o cuidado especial de Deus para com as pessoas que, muitas vezes, são consideradas sem valor na sociedade.

Conta-se que um pregador foi convidado a ministrar numa igreja e ao subir no púlpito simplesmente leu a genealogia de Jesus e terminou. Muitos dos ouvintes não entenderam, mas um deles, que era um visitante em busca de se aproximar do Evangelho, foi tremendamente impactado e testemunhou: "Preciso me aproximar de Deus, pois se tanta gente já passou na Terra, logo também chegará meu fim e preciso fazer algo de relevante para Ele". Isso confirma que não há nada mais vivo e eficaz que a própria Palavra de Deus.

Portanto, que o Espírito Santo utilize os textos descritos neste capítulo para impactar o leitor e fazê-lo se desapegar do dinheiro e adotar a prática de destinar parte considerável e regular de sua renda para o cuidado dos necessitados.

> 1 Quando houver um pobre em teu meio, ainda que seja um só dos teus irmãos numa de tuas cidades, na terra que o SENHOR teu Deus te está doando, não endurecerás teu coração, tampouco fecharás a mão para com

este teu irmão pobre; pelo contrário: abre-lhe generosamente a mão, emprestando o que lhe falta, na medida da sua necessidade. Fica atento a ti mesmo, para que não surja em teu íntimo um pensamento avarento e pagão: "O sétimo ano, o ano do cancelamento das dívidas, está se aproximando, e não quero ajudar o meu irmão necessitado!". Cuidado! Ele poderá apelar ao SENHOR contra a tua pessoa, e serás culpado desse pecado. Quando lhe deres algo, não dês com má vontade, pois em resposta a esse gesto, Yahweh, teu Deus, te abençoará em todo o teu trabalho, em todo empreendimento da tua mão. Nunca deixará de haver pobres na Terra; é por esse motivo que te ordeno: abre a mão em favor do teu irmão, tanto para o pobre como para o necessitado de tua terra! (Dt 15:7-11, KJA).

2   Bem-aventurado aquele que dá atenção ao desvalido! No dia do seu infortúnio, o SENHOR o livrará. O SENHOR o protegerá e preservará sua vida; Ele o fará feliz na terra, e não o entregará à sanha dos seus inimigos. Na enfermidade, o SENHOR lhe dará pleno amparo, e da doença o restaurará (Sl 41:1-3, KJA).

3   Não permitas que o oprimido se retire humilhado! Faze que o pobre e o necessitado louvem o teu nome (Sl 74:21, KJA).

4   Bem-aventurado quem se compadece e empresta com generosidade. O justo jamais será grandemente abalado; não viverá temeroso, esperando más notícias: seu coração está seguro e nada temerá. Generosamente reparte o que possui com os pobres (Sl 112:5-9, KJA).

5   Quem trata bem os pobres empresta ao SENHOR, e Ele o recompensará regiamente! (Pv 19:17, KJA).[111]

6   Quem fecha os ouvidos às súplicas dos pobres, um dia também clamará e não receberá qualquer resposta (Pv 21:13, KJA).

7   Quem dá aos pobres não viverá em necessidade, mas quem esconde seus olhos dos que precisam de ajuda sofrerá muitas maldições (Pv 28:27, KJA).

8   O homem generoso será abençoado, porquanto reparte seu pão com o necessitado (Pv 22:9, KJA).[112]

9   Se com renúncia própria beneficiares os que têm fome e buscares satisfazer o anseio dos aflitos, então, naturalmente, a tua luz despontará nas trevas e a tua noite será como o meio-dia. Yahweh será o teu guia continuamente e te assegurará a fartura, mesmo em terra árida. Ele revigorará os teus ossos, e tu serás como um jardim regado, como uma fonte generosa e borbulhante cujas águas nunca se esgotam (Is 58:10-11, KJA).

10   Por causa da opressão do necessitado e do clamor do pobre, agora me levantarei, diz o SENHOR. Eu os protegerei e salvarei a quem por isso anseia. Por causa da opressão dos pobres, e do gemido dos necessitados, levantar-me-ei agora, diz o Senhor; porei em segurança quem por ela suspira (Sl 12:5, KJA e AA).

11   Ele tem compaixão dos enfraquecidos e dos humildes, e os salva da morte! Compadecer-se-á do pobre e do aflito, e salvará as almas dos necessitados (Sl 72:13, KJA e ACF).

12   Quem zomba dos pobres revela desprezo pelo Criador deles; quem se alegra com a desgraça dos outros não ficará muito tempo sem castigo (Pv 17:5, KJA).

13 Não cometerás injustiça contra nenhuma pessoa pobre, quando esta comparecer diante do tribunal (Êx 23:6, KJA).

14 Oprimir o povo é ultrajar o seu Criador, mas tratar com bondade o pobre é honrar a Deus (Pv 14:31, KJA).[113]

15 O rico e o pobre têm algo precioso em comum: o SENHOR é o Criador tanto de um quanto do outro. O rico e o pobre se encontram; a todos o Senhor os fez (Pv 22:2, KJA e ACF).

16 Quem enriquece à custa de oprimir o pobre, assim como quem adula com presentes os ricos, certamente passará necessidade! O que oprime o pobre para se engrandecer a si mesmo, ou o que dá ao rico certamente empobrecerá (Pv 22:16, KJA e BV).

17 Não explores o pobre por ser fraco, nem oprimas os necessitados no tribunal, pois o SENHOR será o Advogado deles, e despojará a vida dos que os defraudaram! (Pv 22:22-23, KJA).[114]

18 Coopera com os pobres e necessitados (Pv 31:20, KJA).

19 Julgou a causa do necessitado e do pobre; e assim, tudo lhe transcorria de modo agradável. "E, afinal, não é isso que significa conhecer-me?" afirma o Eterno (Jr 22:16, KJA).

20 E esta foi a malignidade de tua irmã Sodoma: ela e suas filhas eram arrogantes; tiveram fartura de alimento e viviam sem a menor preocupação; não ajudavam os pobres e os necessitados (Ez 16:49, KJA).

21 Dá a quem te pedir e não te desvies de quem deseja que lhe emprestes algo (Mt 5:42, KJA).

22 Pois tive fome, e me destes de comer, tive sede, e me destes de beber; fui estrangeiro, e vós me acolhestes.

Quando necessitei de roupas, vós me vestistes; estive enfermo, e vós me cuidastes; estive preso, e fostes visitar-me. Então, os justos desejarão saber: "Mas, Senhor! Quando foi que te encontramos com fome e te demos de comer? Ou com sede e te saciamos? E quando te recebemos como estrangeiro e te hospedamos? Ou necessitado de roupas e te vestimos? Ou ainda, quando estiveste doente ou encarcerado e fomos ver-te?". Então o Rei, esclarecendo-lhes responderá: "Com toda a certeza vos asseguro que, sempre que o fizestes para algum destes meus irmãos, mesmo que ao menor deles, a mim o fizestes" (Mt 25:35-40, KJA).

23 E as multidões lhe rogavam: "O que devemos fazer então?". Diante do que João as exortava: "Quem tiver duas túnicas dê uma a quem não tem nenhuma; e quem possui o que comer, da mesma maneira reparta" (Lc 3:10-11, KJA).

24 Vendei os vossos bens e ajudai os que não têm recursos; fazei para vós outros bolsos que não se gastem com o passar do tempo, tesouro acumulado nos céus que jamais se acaba, onde ladrão algum se aproxima, e nenhuma traça o poderá corroer. Por isso, onde estiverem os vossos bens mais preciosos, certamente aí também estará o vosso coração (Lc 12:33-34, KJA).

25 Por meio de todas as minhas realizações, tenho-vos mostrado que, mediante trabalho árduo, devemos cooperar com os necessitados, lembrando as palavras do próprio Senhor Jesus: "É mais bem-aventurado dar do que receber" (At 20:35, KJA).

26 Nós, que somos fortes, temos o dever de suportar as fraquezas dos fracos, em vez de agradar a nós mesmos (Rm 15:1, KJA).

27 Aquele que roubava não roube mais; pelo contrário, trabalhe, fazendo com as mãos o que é bom, para que tenha o que repartir com quem está atravessando um período de necessidade (Ef 4:28, KJA).

28 Cada um zele, não apenas por seus próprios interesses, mas igualmente pelos interesses dos outros (Fp 2:4, KJA).

29 De que adianta, meus caros irmãos, alguém proclamar sua fé, se não tem obras? Acaso essa fé pode salvá-lo? Se um irmão ou uma irmã estiverem necessitados de roupa e passando privação do alimento de cada dia, e qualquer dentre vós lhes disser: "Ide em paz, aquecei-vos e comei até satisfazer-vos", porém sem lhe dar alguma ajuda concreta, de que adianta isso? Desse mesmo modo em relação à fé: por si só, se não for acompanhada de obras, está morta (Tg 2:14-17, KJA).

30 Se alguém possuir recursos materiais e, observando seu irmão passando necessidade, não se compadecer dele, como é possível permanecer nele o amor de Deus? (1 Jo 3:17, KJA).

31 Sede juízes para o desvalido e órfão, fazei justiça ao mísero e ao indigente (Sl 82:3, KJA).

32 Não oprimas um assalariado pobre, necessitado, seja ele um dos teus irmãos ou um estrangeiro que mora em tua terra, em tua cidade (Dt 24:14, KJA).

33 Quando houver um pobre em teu meio, ainda que seja um só dos teus irmãos numa de tuas cidades, na terra que o SENHOR teu Deus te está doando, não endure-

cerás teu coração, tampouco fecharás a mão para com este teu irmão pobre (Dt 15:7, KJA).

34 E não oprimais a viúva, o órfão, o estrangeiro e o pobre; ninguém planeje no coração atitudes malignas contra o seu irmão (Zc 7:10, KJA).

35 Libertai o fraco e o pobre, livrai-os das garras dos ímpios! (Sl 82:4, KJA).

36 Quando segardes a messe na vossa terra, não colhereis até as extremidades da lavoura, tampouco recolhereis as espigas que caem aos vossos pés durante a colheita. Deixareis essa parte para o pobre e para o estrangeiro. Eu Sou Yahweh, o SENHOR, o vosso Deus! (Lv 23:22, KJA).

37 Não prejudicareis as viúvas nem os órfãos; porquanto se assim procederdes, e eles clamarem a mim, Eu certamente atenderei ao seu clamor (Ex 22:22-23, KJA).

38 Não cometerás injustiça no julgamento. Não farás acepção de pessoas com relação ao pobre, nem te deixarás levar pela preferência ao que tem poder: segundo a justiça julgarás o teu próximo (Lv 19:15, KJA).

39 Quando lhe deres algo, não dês com má vontade, pois em resposta a esse gesto, Yahweh, teu Deus, te abençoará em todo o teu trabalho, em todo empreendimento da tua mão (Dt 15:10, KJA).

40 No entanto, Deus livra o necessitado da espada afiada que esses maldosos possuem na boca, e livra o oprimido das mãos dos arrogantes e poderosos. Assim, pois, há esperança para o indigente. A injustiça cala a própria boca! (Jó 5:15-16, KJA).

41 Aquele que me teceu no ventre materno de igual modo não criou os meus servos? Não foi o mesmo Deus que formou a mim e a eles, no útero de nossas mães? Se

não consegui atender os desejos dos pobres, ou se fiz desfalecer os olhos da viúva que aguardava minha ajuda; ou se tenho saboreado sozinho o meu alimento, mas ao órfão não permiti que compartilhasse dele, considerando que desde a minha juventude o criei como se fosse seu pai, e desde o meu nascimento tenho protegido a viúva; se vi alguém morrer por falta de roupa ou agasalho, ou o necessitado sem cobertor, e o seu coração não me abençoou porque o aqueci com a lã de minhas ovelhas, se ergui a mão contra o órfão, valendo-me da influência que exerço no tribunal; então que o meu braço se rasgue do ombro, e se rompa da articulação. Porquanto grande era meu medo que Deus viesse a destruir-me, e temendo o esplendor da sua majestade jamais poderia cometer tais ofensas (Jó 31:15-23, KJA).

42 Mas os necessitados jamais serão esquecidos, nem será frustrada a esperança dos pobres e humildes (Sl 9:18, KJA).

43 O SENHOR zela pela vida das pessoas íntegras, e sua herança permanecerá para sempre. Não ficarão decepcionados no tempo da desgraça, nos dias de fome serão saciados (Sl 37:18-19, KJA).

44 O ímpio pede emprestado e não devolve; o justo se compadece e dá com generosidade (Sl 37:21, KJA).

45 Compadece-se sempre, e empresta, e a sua semente é abençoada (Sl 37:26, ACF).

46 Pois o SENHOR ama quem pratica a justiça, e não abandona os seus fiéis. Estes serão resguardados para todo o sempre, mas a descendência dos ímpios será exterminada (Sl 37:28, KJA).

47 As riquezas de uma pessoa servem de resgate para sua própria vida, mas o pobre jamais será ameaçado (Pv 13:8, KJA).

48 Quem despreza o próximo comete pecado, mas bem-aventurado é quem trata com bondade todos os necessitados! (Pv 14:21, KJA).

49 Quem aumenta seus bens, por meio de juros escorchantes, ajunta para alguma outra pessoa que será bondosa para com os necessitados! (Pv 28:8, KJA).

50 O justo se interessa em militar pela causa dos necessitados, o ímpio não tem a inteligência para dedicar-se a isso (Pv 29:7, KJA).

51 Aprendei a fazer o bem; praticai o que é reto; ajudai o oprimido; fazei justiça ao órfão; tratai da causa das viúvas (Is 1:17, ACF).

52 "Que direito tens de esmagar e arruinar o meu povo; onde pensais chegar moendo o rosto do pobre?" Quem vos interroga é Yahweh, o SENHOR dos Exércitos! (Is 3:15, KJA).

53 Ai daqueles que promulgam leis iníquas, e de todos que elaboram decretos opressores, a fim de privar os pobres dos seus direitos e evitar que os oprimidos do meu povo tenham pleno acesso à justiça, transformando as viúvas em presas de suas ambições e despojando os órfãos! (Is 10:1-2, KJA).

54 Mais uma vez os humildes se alegrarão em Yahweh, e os pobres e necessitados exultarão no Santíssimo de Israel (Is 29:19, KJA).

55 E esta foi a malignidade de tua irmã Sodoma: ela e suas filhas eram arrogantes; tiveram fartura de alimento e

viviam sem a menor preocupação; não ajudavam os pobres e os necessitados (Ez 16:49, KJA).

56 Portanto, ó querido rei, aceita o meu conselho: reconhece os teus pecados, abandona a maldade e passa a praticar a justiça e a exercer compaixão pelos carentes e necessitados. Talvez, assim, de fato, continues a viver em paz e tranquilidade! (Dn 4:27, KJA).

57 Que todos os membros tenham igual dedicação uns pelos outros. Desse modo, quando um membro sofre, todos os demais sofrem com ele; quando um membro é honrado, todos os outros se regozijam com ele (1 Cor 12:25-26, KJA).

58 Assim, como povo escolhido de Deus, santo e amado, revesti-vos de um coração pleno de compaixão, bondade, humildade, mansidão e paciência (Cl 3:12, KJA).

59 Lembrai-vos dos encarcerados, como se estivésseis aprisionados com eles; e todos aqueles que sofrem maus-tratos, como se vós pessoalmente estivésseis sendo maltratados (Hb 13:3, KJA).

60 De igual modo, não negligencieis a contínua prática do bem e a mútua cooperação; pois é desses sacrifícios que Deus muito se alegra (Hb 13:16, KJA).

61 Por essa razão, quando deres um donativo, não toques trombeta diante de ti, como fazem os hipócritas, nas sinagogas e nas ruas, para serem glorificados pelos homens. Com toda a certeza vos afirmo que eles já receberam o seu galardão. Tu, porém, quando deres uma esmola ou ajuda, não deixes tua mão esquerda saber o que faz a direita. Para que a tua obra de caridade fique em secreto: e teu Pai, que vê em secreto, te recompensará (Mt 6:2-4, KJA).

62 "Amarás o teu próximo como a ti mesmo" (Mt 22:39, KJA).

63 Concluindo, tende todos vós o mesmo modo de pensar, demonstrai compaixão e amor fraternal, sede misericordiosos e humildes (1 Pe 3:8, KJA).

64 O que segue a justiça e a beneficência achará a vida, a justiça e a honra (Pv 21:21, ACF).

65 E não nos desfaleçamos de fazer o bem, pois, se não desistirmos, colheremos no tempo certo (Gl 6:9, KJA).

66 Vede que ninguém dê a outrem mal por mal, mas segui, sempre, o bem, tanto uns para com os outros como para com todos (1 Ts 5:15, ARC).

67 Porém, tu, ó homem de Deus, foge dessas ciladas e segue a justiça, a piedade, a fé, o amor, a constância e a mansidão (1 Tm 6:11, KJA).

68 Por isso mesmo, aplicando todo o vosso esforço, acrescentai a virtude à vossa fé e o conhecimento à virtude, e o domínio próprio ao conhecimento, e a perseverança ao domínio próprio, e a piedade à perseverança, e a fraternidade à piedade, e o amor à fraternidade. Porquanto, se essas virtudes existirem e crescerem em vós, elas não vos deixarão ociosos nem tampouco infrutíferos no perfeito conhecimento de nosso Senhor Jesus Cristo (2 Pe 1:5-7, KJA).

Conclusão

Espero que os ensinamentos transmitidos neste livro abençoem a vida de muitas pessoas, especialmente daquelas que efetivamente os praticarem e das que forem alcançadas pela tsedacá entregue.

Infelizmente, muitos cristãos sentem-se confusos por não conseguirem interpretar adequadamente determinados trechos das Escrituras que, aparentemente, são contraditórios por prometerem bênçãos, inclusive financeiras, mas também condenação para os que possuírem riquezas materiais. Algumas dessas passagens bíblicas seriam:

1. Em todas as coisas somos mais que vencedores, por meio daquele que nos amou (Rm 8:37, KJA).
2. É mais fácil passar um camelo pelo fundo de uma agulha do que um rico entrar no Reino dos céus (Mt 19:24, KJA).
3. Se obedeceres aos mandamentos de Yahweh, o teu Deus, que neste dia te ordeno, para os guardar e cumprir. Sendo assim, estareis sempre por cima, nunca por baixo (Dt 28:13, KJA).
4. O amor ao dinheiro é a raiz de todos os males (1 Tm 6:10, KJA).

5 Se ouvires a voz do Eterno, teu Deus, virão sobre ti e te acompanharão todas estas bênçãos: [...] (Dt 28:2, KJA).

6 Não podeis servir a Deus e a Mamôn (Mt 6:24, KJA).

7 Honra ao Senhor com teus bens e com as primícias de todos os teus rendimentos; e se encherão com fartura os teus celeiros, assim como transbordarão de vinho os teus reservatórios (Pv 3:9-10, KJA).

8 As preocupações da vida diária, a sedução da riqueza e todas as demais ambições agridem e sufocam a Palavra, tornando-a infrutífera (Mc 4:19, KJA).

9 "Trazei, portanto, todos os dízimos ao depósito do Templo, a fim de que haja alimento em minha casa, e provai-me nisto", assegura o Senhor dos Exércitos, "e comprovai com vossos próprios olhos se não abrirei as comportas do céu, e se não derramarei sobre vós tantas bênçãos, quem nem conseguirei guardá-las todas" (Ml 3:10, KJA).

Promessas como essas, feitas pelo Eterno, que não falha em cumprir sua palavra, podem causar temor porque de um lado garantem que quem for fiel em cumprir seus preceitos será abundantemente abençoado com fartura, mas, por outro lado também proclamam que os que possuem riquezas dificilmente entrarão no Reino dos Céus. Entretanto, a contradição é apenas aparente, pois existe uma verdade que, se corretamente assimilada, faz tudo ter sentido.

Trata-se do ato de entregar tsedacá, ou seja, de compartilhar regularmente parte importante da renda com aqueles que padecem de necessidades básicas. Praticá-la não é fácil. Para conseguir fazê-la com habitualidade, todo resquício de avareza e de falta de confiança em Deus deverá ser reconhecido e eliminado, o que implicará em desprendimento dos bens materiais. Felizmente, como visto, na medida em que a tsedacá se torna frequente, os olhos vão deixando de ser tão focados apenas nos próprios desejos, e os anseios dos pobres e dos aflitos passam a ser cada vez mais objeto de atenção, gerando um coração progressivamente mais generoso e misericordioso.

Quem é temente a Deus e pratica seus mandamentos atrai bênçãos divinas e, se houver propósito Dele, haverá a prosperidade material. Estar alinhado aos anseios do Eterno implica ser zeloso com o trabalho, com o cônjuge, com os filhos, com os compromissos com o Reino de Deus e ter uma vida reta com o dinheiro praticando os princípios estabelecidos para cada área da vida.

Se para a pessoa que possui temor Dele, o Pai Celestial confiar a prosperidade financeira, em algum momento poderá ocorrer um conflito interno, por medo de estar caminhando para o inferno justamente em razão de estar colhendo os frutos daquelas sementes lançadas com a fidelidade dos dízimos, da tsedacá, das ofertas e das primícias. Portanto, a maneira de não deixar as bênçãos se tornarem maldição é aumentar a oferta aos pobres na mesma proporção que crescerem as rendas.

Como visto ao longo deste livro, não se trata de compartilhar apenas uma esmola (no sentido pejorativo de quantia irrisória), mas algo que custe, que signifique algum sacrifício do conforto. Outro aspecto importante é que essa prática de destinar recursos para suprir a necessidade dos miseráveis e dos aflitos deve ser constante, ou, pelo menos, na mesma periodicidade da renda. Se esta é recebida mensal, semanal ou diariamente, que a distribuição aos necessitados seja de igual forma. Não basta doar apenas "de vez em quando", ajudar eventualmente alguém que precisa ou então realizar esporadicamente algum trabalho social. Bem pelo contrário, deve-se ter isso como hábito, é o que o apóstolo Paulo chamou de ser "ricos em boas obras".

Sobre o "quanto" compartilhar com os necessitados, foi visto que há vários parâmetros e que, para os cristãos, libertos da Lei Mosaica, mas sujeitos aos ensinamentos de Cristo, é impossível determinar um percentual fixo. Contudo, Jesus disse que se deve exceder em muito os escribas e os fariseus no cumprimento da vontade de Deus. Então, o ideal é começar fazendo mais do que o mínimo. Às pessoas que pedem orientação, a sugestão é que façam as seguintes contribuições, calculadas sobre a renda: a) 10% para a igreja (seja ela qual for), para a manutenção e ampliação da obra; b) 3,33% como primícias (como honra ao Eterno), devendo ser entregues para quem exerce a função de sacerdote sobre sua vida; c) destinar parte relevante da renda para os pobres, podendo ser para a ação social da igreja, para algum lar de acolhimento de crianças, abrigo, asilo, casa de recuperação, montagem de cestas básicas etc.; d) estar sempre disponível em ajudar os que pedirem.

Quanto à "parte para os pobres", isto é, a alínea "c" indicada no parágrafo anterior, o mínimo estabelecido por Deus é de 3,33%, mas os rabinos aumentaram para 10% pelos motivos já explicados. Para os cristãos, que são, ou pelo menos deveriam ser, desapegados dos bens materiais, é salutar que a contribuição seja superior à mínima. Sabe-se que é difícil e que, para quase todos, isso exige mudanças na organização familiar. Por isso, uma medida adequada para começar compartilhando com os necessitados é a de 5%, que deve ser aumentada à medida que for possível, seja por estar sendo abençoado, ou mesmo por estar se desapegando das vaidades materiais. Isso porque a prática de ajudar os que padecem tem o incrível efeito de gerar no íntimo a vontade de fazê-lo cada vez mais.

Praticar a tsedacá faz brotar no coração um amor pelos que padecem, e a vontade de trabalhar, de conquistar, de ser vencedor no mundo dos negócios, ganha outra dimensão, pois a vida recebe novo sentido. Se antes de praticar tsedacá havia algum temor de ter dinheiro, agora se começa a sonhar com o que seria possível fazer em favor dos pobres se houvesse mais recursos. O anseio de ser provedor de alguns trabalhos sociais passa a permear o coração: manter casas de abrigo para crianças em situação de risco social; cozinhas sociais para moradores de rua e trabalhadores de baixa renda; projetos que proporcionem reforço escolar para crianças carentes; prover bolsas de estudo... São tantas as possibilidades e é tão prazeroso ver vidas sendo alcançadas, que a vontade é ser cada vez mais generoso.

O hábito de praticar a tsedacá também terá o efeito de dar paz e alegria para desfrutar daquilo que Deus confiou e afastará o peso decorrente das pregações fundamentadas numa visão franciscana do Evangelho, que apenas se justificam se forem vistas como antídoto da maléfica teologia da prosperidade, mas que não representam a verdade bíblica sobre o assunto. A revelação da tsedacá fará com que compreenda que o pecado do Homem Rico não foi o de viver uma vida confortável, mas o de deixar de ajudar Lázaro, que sofria e estava à porta padecendo por falta de compaixão e misericórdia. Todas as bênçãos descritas tanto no Antigo como no Novo Testamento serão compreendidas.

A promessa de que "não pode haver felicidade para o homem a não ser a de alegrar-se e fazer o bem durante toda sua vida" (Ec 3:12, KJA) será cumprida na vida de quem praticar tsedacá, porque "devemos cooperar com os necessitados" e conforme as palavras do próprio Senhor Jesus: "É mais bem-aventurado dar do que receber" (At 20:35, KJA). Isso porque Deus tem toda a condição, poder e vontade de cumprir aquilo que seu Filho prometeu: "Dai sempre, e recebereis sobre o vosso colo uma boa medida, calcada, sacudida, transbordante; generosamente vos darão. Portanto, à medida que usares para medir o teu próximo, essa mesma será usada para vos medir" (Lc 6:38, KJA). Amém.

Referências bibliográficas

ALEXANDRIA, Clemente de. *Quem é o rico que deve ser salvo*, [s.d.]. Disponível em: https://www.youtube.com/watch?v=0xQLKpRdVeA. Acesso em: 9 jan. 2025.

AVRAHAM, Rosh Baruch Ben. O maasser ani: Dízimo para os pobres. *Comunidade de Israel* [s.d.].

BEVERE, John. *Movido pela eternidade: Faça sua vida valer a pena hoje e para sempre*. Rio de Janeiro: LAN, 2009.

_____. *A recompensa da honra: Como atrair o favor e a bênção de Deus*. Rio de Janeiro: LAN, 2015.

BÍBLIA Almeida revista e atualizada com os números de Strong. Português. João Ferreira de Almeida. Revista, corrigida e atualizada. São Paulo: Sociedade Bíblica Brasileira, 2000.

BÍBLIA de Estudo Olive Tree. *Olive Tree Bible Software* [App], Califórnia, [s.d.]. Acesso em: 12 ago. 2020.

CARNEGIE, Dale. *Como evitar preocupações e começar a viver*. 37ª ed. São Paulo: Nacional, 2010.

_____. *Como falar em público e influenciar pessoas no mundo dos negócios*. 50ª ed. Rio de Janeiro: Record, 2011.

CHAIM, Chafets. *Ensinando com parábolas: Parábolas do Chafets Chaim*. v. 2. Comp. de Machon Bair Yeschiel, trad. de Sérgio M. Cernea. São Paulo: Maayanot, 2004.

CHERNOW, Ron. *Titan*: The Life of John D. Rockefeller, Sr. New York: Random House, 1998.

EDWARDS, Jonathan. Pregação: O dever da caridade para os pobres. *Revista Kairos*, [s.d.].

EKER, T. Harv. *Os segredos da mente milionária*. Rio de Janeiro: Sextante, 2006.

FINNEY, Charles. *Teologia Sistemática: Uma perspectiva pentecostal*. 3ª ed. Rio de Janeiro: CPAD, 2004.

FLEET, Bruce; GANSKY, Alton. *Os sete princípios de Salomão*. São Paulo: Lua de Papel, 2010.

FORBES. The World's Richest People. *Forbes*. Jersey City, 2006.

GRAHAM, Billy. *Unto the Hills: A Daily Devotional*. Nashville: Thomas Nelson, 1996.

HAAR, John Ensor; JOHNSON, Peter J. *The Rockefeller Century: Three Generations of the America's Greatest Family*. New York: Scribner, 1988.

HILL, Craig. *Cinco segredos da riqueza que 96% das pessoas não sabem*. São Paulo: UDF. 2014.

JOHNSON, Peter J. O início filantrópico da família Rockefeller. *Idis*, [s.d.]. Disponível em: https://www.bbc.com/portuguese/reporterbbc/story/2006/03/060309_bilionariosmundo. Acesso em: 9 jan. 2025.

KELLER, Timothy. *Justiça generosa: A graça de Deus e a justiça social*. São Paulo: Vida Nova, 2013.

LEWIS, C. S. *Um ano com C. S. Lewis: Leituras diárias de suas obras clássicas*. Viçosa: Ultimato, 2005.

_____. *Cristianismo puro e simples*. 3ª ed. São Paulo: WMF Martins Fontes, 2009.

PASSOS, José Joaquim Calmon de. "O futuro do Estado e do Direito do Estado: Democracia, globalização e o nacionalismo". RERE — *Revista Eletrônica sobre a Reforma do Estado*, Salvador, nº 2, jun./ago. 2005. Disponível em: http://www.direitodoestado.com.br/codrevista.asp?cod=42. Acesso em: 23 jul. 2020.

PRICE, Ross et al. *Comentário Bíblico Beacon*: Antigo Testamento. Rio de Janeiro: CPAD, [s.d.].

SHEMTOV, Rabino Eliezer. *Ser judeu*. Trad. de Sérgio M. Cernea. São Paulo: Maayanot, 2013.

SILBERBERG, Naftali. Tsedacá em épocas de dificuldade econômica. *Chabad.org.*, [s.d.]. Disponível em: http://www.chabad.org.br/biblioteca/artigos/dificuldade/home.html. Acesso em: 20 jul. 2020.

SON, Juliano. *Mensagem: A prática do amor ao próximo*. Conferência de Louvor e Adoração, realizada em 27 abr. 2013 na Igreja Batista Central de Belo Horizonte.

STANLEY, Thomas J.; DANKO, William D. *O milionário mora ao lado: Os surpreendentes segredos dos ricaços americanos*. São Paulo: Manole, 1999.

SUBIRÁ, Luciano. Brilhe a sua luz: As boas obras (Parte 2). *Orvalho.com*, [s.d.]. Disponível em: https://www.orvalho.com/ministerio/audios/brilhe-a--sua-luz-parte-2-as-boas-obras-luciano-subira. Acesso em: 30 jul. 2020.

TAUB, Rabino Shimon. *As Leis de Tsedacá e Maasser: Um guia abrangente*. São Paulo: Maayanot, 2012.

TSEDACÁ e Chessed. Disponível em: https://www.scribd.com/doc/99709960/TSEDACA-E-CHESSED-Hebraico. Acesso em: 30 jul. 2020.

TSEDACÁ: caridade ou justiça? *Chabad*, [s.d.]. Disponível em: http://www.chabad.org.br/datas/rosh/rosh017. html. Acesso em: 30 jul. 2020.

TSEDACÁ: um conceito judaico. *Chabad*, [s.d.]. Disponível em: http://www.chabad.org.br/biblioteca/artigos/ tsedaca/home.html. Acesso em: 3 ago. 2020.

TZEDAKAH and Shabbos. Disponível em: http://www.shemayisrael.com/publicat/hazon/tzedaka/Tzedakah_ and_Shabbos.html. Acesso em: 15 dez. 2013.

WASSERMAN, Adolpho (trad). *O livro dos provérbios comentado*. São Paulo: Maayanot, 1998.

WEITMAN, Rabino Y. David. *A arte de ser (mais) gente: Aperfeiçoando nosso caráter*. São Paulo: Maayanot, 2009.

_____. *Negócios prósperos, recomendações judaicas*. Pregação proferida na Sinagoga Beit Yaacov, em São Paulo.

WESLEY, John. Causas da ineficiência do cristianismo. (Dublin, 1789). *Sermões de John Wesley*. Brasília, [s.d.]. Disponível em: https://www.maisrelevante.com.br/2023/05/24-causas-da-ineficiencia-do.html. Acesso em: 9 jan. 2025.

_____. O perigo no aumento de riquezas (Bristol, 1790). *Sermões de John Wesley*. Brasília, [s.d.]. Disponível em: https://www.maisrelevante.com.br/2023/05/24-causas-da-ineficiencia-do.html. Acesso em: 9 jan. 2025.

_____. A recompensa do justo (Lewisham, 1777). *Sermões de John Wesley*. Brasília, [s.d.]. Disponível em: https://www.maisrelevante.com.br/2023/05/24-causas-da-ineficiencia-do.html. Acesso em: 9 jan. 2025.

_____. *O sermão do monte*. São Paulo: Vida, 2010.

WHITEFIELD, George. The Great Duty of Charity Recommended. *The Anglican Library*, [s.d.]. Tradução livre. Disponível em: http://www.anglicanlibrary.org/whitefield/sermons/47.html. Acesso em: 30 jul. 2020.

Notas

1   Os bereanos são citados em Atos e tinham como característica conferir nas Escrituras tudo aquilo que lhes era ensinado, para verificar se havia correspondência. "Os bereanos eram mais nobres do que os tessalonicenses, porquanto, receberam a mensagem com vívido interesse, e dedicaram-se ao estudo diário das Escrituras, com o propósito de avaliar se tudo correspondia à verdade." (Atos 17:11, KJA).

2   O ministério de ensino foi apenas um dos exercidos por Jesus quando esteve conosco. Sem dúvida, o mais importante foi sua crucificação e ressurreição, pois é o que permite acesso à vida eterna.

3   Fala-se em 30, 36, 40, 46 e 60. Essa considerável divergência acerca da quantidade de parábolas contadas por Jesus se deve ao fato de que não há consenso entre os estudiosos acerca de quais critérios para considerar determinada passagem como sendo uma parábola ou não. A história do Rico e de Lázaro é um exemplo típico, pois muitos defendem ser uma parábola (ficção), mas outros, como este autor, entendem que é uma história real. Uma das razões da falta de unanimidade nesse caso específico é o fato de Jesus ter citado o nome do envolvido, Lázaro, o que seria uma quebra de padrão das parábolas. Apesar disso, sabemos que os "padrões" somos nós quem criamos e talvez Jesus tenha usado um nome próprio apenas para melhorar a ilustração.

4   *Mitsvas*: mandamentos judaicos.

5   Billy Graham, *Unto the Hills: A Daily Devotional*. Nashville: Thomas Nelson, 1996, p. 141. Tradução livre.

6   Rabino Y. David Weitman, *A arte de ser (mais) gente: Aperfeiçoando nosso caráter*. São Paulo: Maayanot, 2009, p. 15.

7   Bruce Fleet; Alton Gansky, *Os sete princípios de Salomão*. São Paulo: Lua de Papel, 2010, p. 92.

8   José Joaquim Calmon de Passos, "O futuro do Estado e do Direito do Estado: Democracia, globalização e o nacionalismo". *RERE — Revista Eletrônica sobre a Reforma do Estado*, Salvador, n. 2, jun./ago. 2005. Disponível em: http://www.direitodoestado.com.br/codrevista.asp?cod=42. Acesso em: 23 jul. 2020.

9   John Wesley, Causas da ineficiência do cristianismo (Dublin, 1789). *Sermões de John Wesley*. Brasília, [s.d.]. Disponível em: https://www.maisrelevante.com.br/2023/05/24-causas-da-ineficiencia-do.html. Acesso em: 9 jan. 2025.

10   Grupo religioso formado a partir do século XVII, que tem como objetivo restaurar a fé genuína, bíblica, com práticas verdadeiramente alinhadas às Escrituras. Iniciou-se na Inglaterra, depois expandiu-se para os Estados Unidos e ainda hoje há pessoas adeptas, inclusive no Brasil.

11   Ibid.

12   Santo Agostinho, *Quaestiones in Heptateucum*, 2, 73. Disponível em: http://www.montfort.org.br/bra/veritas/igreja/prefiguracoes_messias. Acesso em: 24 nov. 2020.

13   No judaísmo o conceito de céu e inferno é diferente do cristianismo; então, quando falam em "salvação", estão se referindo ao "direito" de ter uma boa recompensa no Mundo Vindouro.

14   Outros textos consideram quatro práticas, pois tratam do "arrependimento" sob duas perspectivas: mudança externa (de atitudes) e mudança interna (de pensamentos, emoções etc.). *TSEDACÁ e Chessed*, Disponível em: https://www.scribd.com/doc/99709960/TSEDACA-E-CHESSED-Hebraico. Acesso em: 27 jul. 2020, p. 13.

15   *TSEDACÁ e Chessed*. Disponível em: https://www.scribd.com/doc/99709960/TSEDACA-E-CHESSED-Hebraico. Acesso em: 27 jul. 2020, p. 12.

16   *TZEDAKAH and Shabbos*. Disponível em: https://www.shemayisrael.com/publicat/hazon/tzedaka/Tzedakah_and_Shabbos.html. Acesso em: 15 dez. 2013. Tradução livre.

17   Rabino Y. David Weitman, op. cit., p. 131.

18 Naftali Silberberg, *Tsedacá em épocas de dificuldade econômica*. *Chabad. org.*, [s.d.]. Disponível em: http://www.chabad.org.br/biblioteca/ artigos/dificuldade/home.html. Acesso em: 20 jul. 2020.

19 Rabino Eliezer Shemtov, *Ser judeu*. Trad. de Sérgio M. Cernea. São Paulo: Maayanot, 2013, p. 80.

20 *TSEDACÁ e Chessed*. Disponível em: https://www.scribd.com/doc/ 99709960/TSEDACA-E-CHESSED-Hebraico. Acesso em: 9 jan. 2025, p. 55.

21 *TSEDACÁ e Chessed*. Disponível em: https://www.scribd.com/doc/ 99709960/TSEDACA-E-CHESSED-Hebraico. Acesso em: 9 jan. 2025, p. 90.

22 Ibid., p. 90.

23 Ibid., p. 90.

24 Jonathan Edwards, Christian Charity or The Duty of Charity to the Poor, Explained and Enforced. *Bible Bulletin Board*, [s.d.]. Disponível em: https://www.biblebb.com/files/edwards/charity.html. Acesso em: 8 ago. 2020. Tradução livre.

25 John Bevere, *A recompensa da honra*: *Como atrair o favor e a bênção de Deus*. Rio de Janeiro: LAN, 2015.

26 *TSEDACÁ a Chessed*. Disponível em: https://www.scribd.com/doc/ 99709960/TSEDACA-E-CHESSED-Hebraico. Acesso em: 9 jan. 2025, p. 13.

27 John Wesley, O perigo no aumento de riquezas (Bristol, 1790). *Sermões de John Wesley*. Brasília, [s.d.]. Disponível em: https://www. maisrelevante.com.br/2023/05/24-causas-da-ineficiencia-do.html. Acesso em: 9 jan. 2025.

28 Jonathan Edwards, Christian Charity or The Duty of Charity to the Poor, Explained and Enforced. *Bible Bulletin Board*, [s.d.]. Disponível em: https://www.biblebb.com/files/edwards/charity.htm. Acesso em: 8 ago. 2020. Tradução livre.

29 Timothy Keller, *Justiça generosa: A graça de Deus e a justiça social*. São Paulo: Vida Nova, 2013, p. 83.

30 George Whitefield, The Great Duty of Charity Recommended. *The Anglican Library*, [s.d.]. Disponível em: http://www.anglicanlibrary.org/ whitefield/sermons/47.htm. Acesso em: 9 jan. 2025. Tradução livre.

31 John Wesley, A recompensa do justo (Lewisham, 1777). *Sermões de John Wesley*. Brasília, [s.d.]. Disponível em: https://www.maisrele-

vante.com.br/2023/05/24-causas-da-ineficiencia-do.html. Acesso em: 9 jan. 2025.

32 Timothy Keller, op. cit., p. 143.

33 Ibid.

34 Luciano Subirá, Brilhe a sua luz: As boas obras (Parte 2). *Orvalho.com*, [s.d.]. Disponível em: https://www.orvalho.com/ministerio/audios/brilhe-a-sua-luz-parte-2-as-boas-obras-luciano-subira. Acesso em: 20 jul. 2020.

35 Timothy Keller, op. cit., p. 94.

36 Jonathan Edwards, Christian Charity or The Duty of Charity to the Poor, Explained and Enforced. *Bible Bulletin Board*, [s.d.]. Disponível em: https://www.biblebb.com/files/edwards/charity.htm. Acesso em: 8 ago. 2020. Tradução livre.

37 Ross Price et al, *Comentário Bíblico Beacon: Antigo Testamento*. Rio de Janeiro: CPAD, [s.d.], p. 448.

38 Rosh Baruch Ben Avraham, O maasser ani: Dízimo para os pobres. *Comunidade de Israel*, [s.d.].

39 Ibid.

40 Rabino Shimon Taub, *As Leis de Tsedacá e Maasser: Um guia abrangente*. São Paulo: Maayanot, 2012, p. 98.

41 Ibid.

42 Ibid., p. 61.

43 Adolpho Wasserman (trad.), *O Livro dos Provérbios comentado*. São Paulo: Maayanot, 1998, p. 20.

44 John Wesley, *O sermão do monte*. São Paulo: Vida, 2010, p. 138.

45 Ross Price et al., p. 449.

46 Charles Finney, *Teologia sistemática: Uma perspectiva pentecostal*. 3ª ed. Rio de Janeiro: CPAD, 2004.

47 Dale Carnegie, *Como falar em público e influenciar pessoas no mundo dos negócios*. 50ª ed. Rio de Janeiro: Record, 2011, p. 42.

48 C. S. Lewis, *Cristianismo puro e simples*. 3ª ed. São Paulo: WMF Martins Fontes, 2009, p. 174.

49 John Wesley, O perigo no aumento de riquezas (Bristol, 1790). *Sermões de John Wesley*. Brasília, [s.d.]. Disponível em: https://www.maisrelevante.com.br/2023/05/24-causas-da-ineficiencia-do.html. Acesso em: 9 jan. 2025.

50   John Wesley, Causas da ineficiência do cristianismo (Dublin, 1789). *Sermões de John Wesley*. Brasília, [s.d.]. Disponível em: https://www.maisrelevante.com.br/2023/05/24-causas-da-ineficiencia-do.html. Acesso em: 9 jan. 2025.

51   John Wesley, O perigo no aumento de riquezas (Bristol, 1790). *Sermões de John Wesley*. Brasília, [s.d.]. Disponível em: https://www.maisrelevante.com.br/2023/05/24-causas-da-ineficiencia-do.html. Acesso em: 9 jan. 2025.

52   C. S. Lewis, *Um ano com C. S. Lewis: Leituras diárias de suas obras clássicas*. Viçosa: Ultimato, 2005, p. 289.

53   John Wesley, O perigo no aumento de riquezas (Bristol, 1790). *Sermões de John Wesley*. Brasília, [s.d.]. Disponível em: https://www.maisrelevante.com.br/2023/05/24-causas-da-ineficiencia-do.html. Acesso em: 9 jan. 2025.

54   Timothy Keller, op. cit., p. 101.

55   Jonathan Edwards, Pregação: O dever da caridade para os pobres. *Revista Kairos*, [s.d.]. Tradução livre.

56   Clemente de Alexandria, *Quem é o rico que deve ser salvo*, [s.d.]. Disponível em: https://www.youtube.com/watch?v=oxQLKpRdVeA. Acesso em: 9 jan. 2025.

57   Jonathan Edwards, op. cit.

58   Ibid.

59   Ibid.

60   Bruce Fleet; Alton Gansky. op. cit., p. 105.

61   *TSEDACÁ e Chessed*. Disponível em: https://www.scribd.com/doc/99709960/TSEDACA-E-CHESSED-Hebraico. Acesso em: 9 jan. 2025, p. 18.

62   John Wesley, O perigo no aumento de riquezas (Bristol, 1790). *Sermões de John Wesley*. Brasília, [s.d.]. Disponível em: https://www.maisrelevante.com.br/2023/05/24-causas-da-ineficiencia-do.html. Acesso em: 9 jan. 2025.

63   Timothy Keller, op. cit., pp. 70-1.

64   *TSEDACÁ e Chessed*. Disponível em: https://www.scribd.com/doc/99709960/TSEDACA-E-CHESSED-Hebraico. Acesso em: 9 jan. 2025, p. 84.

65   Rabino Y. David Weitman, op. cit., p. 141.

66   Rabino Shimon Taub, op. cit.

67 Ibid., p. 104.

68 T. Harv Eker, *Os segredos da mente milionária*. Rio de Janeiro: Sextante, 2006, p. 90.

69 Craig Hill, *Cinco segredos da riqueza que 96% das pessoas não sabem*. São Paulo: UDF, 2014, pp. 8-9.

70 Ron Chernow, *Titan: The Life of John D. Rockefeller, Sr.* New York: Random House, 1998.

71 Ibid., p. 50.

72 Ibid.

73 John Ensor Harr; Peter J. Johnson. *The Rockefeller Century: Three Generations of the America's Greatest Family.* New York: Scribner, 1988, p. 16. Tradução livre.

74 Peter J. Johnson. O início filantrópico da família Rockefeller. *Idis*, [s.d.]. Disponível em: https://www.bbc.com/portuguese/reporter bbc/story/2006/03/060309_bilionariosmundo. Acesso em: 9 jan. 2025.

75 Dale Carnegie, *Como evitar preocupações e começar a viver.* 37ª ed. São Paulo: Nacional, 2010, p. 395-6.

76 The World's Richest People. *Forbes*. Jersey City, 2006.

77 John Bevere, *Movido pela eternidade*: *Faça sua vida valer a pena hoje e para sempre*. Rio de Janeiro: LAN, 2009, p. 142.

78 Rabino Eliezer Shemtov, op. cit., p. 86.

79 *TSEDACÁ e Chessed*. Disponível em: https://www.scribd.com/doc/99709960/TSEDACA-E-CHESSED-Hebraico. Acesso em: 9 jan. 2025. p. 4.

80 TSEDACÁ: caridade ou justiça? *Chabad*, [s.d.]. Disponível em: http://www.chabad.org.br/datas/rosh/rosh017.html. Acesso em: 9 jan. 2025.

81 Craig Hill, op. cit., p. 20.

82 Thomas J. Stanley; William D. Danko, *O milionário mora ao lado: Os surpreendentes segredos dos ricaços americanos*. São Paulo: Manole, 1999, p. 4.

83 *TSEDACÁ e Chessed*. Disponível em: https://www.scribd.com/doc/99709960/TSEDACA-E-CHESSED-Hebraico. Acesso em: 9 jan. 2025. p. 84.

84 Rabino Y. David Weitman, *Negócios prósperos, recomendações judaicas*. Pregação proferida na Sinagoga Beit Yaacov, em São Paulo.

85   *TSEDACÁ e Chessed*. Disponível em: https://www.scribd.com/doc/99709960/TSEDACA-E-CHESSED-Hebraico. Acesso em: 9 jan. 2025, p. 34.

86   George Whitefield, op. cit.

87   Nome fictício, para garantir o anonimato.

88   *TSEDACÁ e Chessed*. Disponível em: https://www.scribd.com/doc/99709960/TSEDACA-E-CHESSED-Hebraico. Acesso em: 9 jan. 2025, p. 90.

89   Ibid.

90   *TSEDACÁ e Chessed*. Disponível em: https://www.scribd.com/doc/99709960/TSEDACA-E-CHESSED-Hebraico. Acesso em: 9 jan. 2025, p. 28.

91   Rabino Shimon Taub, op. cit., p. 35.

92   Ibid., p. 61.

93   *TSEDACÁ e Chessed*. Disponível em: https://www.scribd.com/doc/99709960/TSEDACA-E-CHESSED-Hebraico. Acesso em: 9 jan. 2025, p. 9.

94   Rabino Y. David Weitman, op. cit., p. 131.

95   *TSEDACÁ e Chessed*. Disponível em: https://www.scribd.com/doc/99709960/TSEDACA-E-CHESSED-Hebraico. Acesso em: 9 jan. 2025, p. 6.

96   *TSEDACÁ*: um conceito judaico. *Chabad*, [s.d.]. Disponível em: http://www.chabad.org.br/biblioteca/artigos/tsedaca/home.html. Acesso em: 3 ago. 2020.

97   *TSEDACÁ e Chessed*. Disponível em: https://www.scribd.com/doc/99709960/TSEDACA-E-CHESSED-Hebraico. Acesso em: 9 jan. 2025, pp. 12-13.

98   Rabino Y. David Weitman, op. cit., p. 145.

99   Rabino Shimon Taub, op. cit., pp. 31-4.

100   *TSEDACÁ e Chessed*. Disponível em: https://www.scribd.com/doc/99709960/TSEDACA-E-CHESSED-Hebraico. Acesso em: 9 jan. 2025, p. 75.

101   Ibid, p. 105.

102   *TSEDACÁ e Chessed*. Disponível em: https://www.scribd.com/doc/99709960/TSEDACA-E-CHESSED-Hebraico. Acesso em: 9 jan. 2025, p. 32.

103   Rabino Y. David Weitman, op. cit., p. 132.

104 Rosh Baruch Ben Avraham, O maasser ani: Dízimo para os pobres. Comunidade de Israel, [s.d].

105 *TSEDACÁ e Chessed*. Disponível em: https://www.scribd.com/doc/99709960/TSEDACA-E-CHESSED-Hebraico. Acesso em: 9 jan. 2025, p. 83.

106 *TSEDACÁ e Chessed*. Disponível em: https://www.scribd.com/doc/99709960/TSEDACA-E-CHESSED-Hebraico. Acesso em: 9 jan. 2025, p. 9.

107 Rabino Shimon Taub, op. cit., p. 86.

108 *TSEDACÁ e Chessed*. Disponível em: https://www.scribd.com/doc/99709960/TSEDACA-E-CHESSED-Hebraico. Acesso em: 9 jan. 2025, p. 74.

109 Ibid, p. 26.

110 Chafets Chaim, *Ensinando com parábolas: Parábolas do Chafets Chaim*. v. 2. Comp. de Machon Bar Yeschiel, trad. de Sérgio M. Cernea. São Paulo: Maayanot, 2004, p. 144.

111 "Quando um homem 'dá a um pobre' graciosamente, não esperando nenhum retorno, é como se ele 'emprestasse ao Senhor'. Então, Ele não somente 'reembolsa o empréstimo', mas também o amor que o homem assim confere, que significa mais que dinheiro." (Adolpho Wasserman, op. cit., p. 20.)

112 Comentário: "Em contraste com aquele que busca governar os pobres e explorá-los, o que tem um olho generoso e dá do seu pão será abençoado com as bênçãos de Deus. Será abençoado porque dá aos pobres do seu pão, e continuará a dar, pois se ele prospera terá mais a lhes dar." (Adolpho Wasserman, op. cit.)

113 Comentário: "A riqueza do rico lhe foi dada, em parte, para ajudar o pobre, e se o rico escapa a esse dever é como se ele lançasse respingos sobre a justiça e a Criação." (Adolpho Wasserman, op. cit.)

114 Comentário: "É proibido roubar tanto o pobre como o rico, mas roubar o pobre é particularmente odioso. Se a vítima é um rico a questão é monetária apenas, mas tratando-se de um pobre é mais que isso" (Adolpho Wasserman, op. cit.).

FONTES GT Alpina e Flexa
PAPEL Alta Alvura 90 g/m²
IMPRESSÃO Imprensa da Fé